五十正花開

五十八則不惑解方，
下半場就來遊戲人間吧！

有川真由美——著
MAYUMI ARIKAWA
陳令嫻——譯

50 歳から花開く人、50 歳で止まる人

前言

我建議想要成為五十歲開始開花結果的人要學會一件事，那就是——

「遊戲人間」。

倘若人生的前半段你以工作為重心，那麼後半段不妨轉換為「以遊戲為重心」。

這裡的「遊戲」指的是做起來很有意思、很有趣的事。

生活與興趣本身都是遊戲，工作更是能夠全心投入的終極「遊戲」。

過去大家可能是以收入、以身為公司一員而獲得社會肯定，同樣也以公司提供的福利等「報酬」來忍受因為工作所承受的痛苦。

從今而後，工作上的「報酬」與目的請以工作本身有意義、做起來很有意思為主。

抱持著能樂在其中的心態享受工作。

倘若從事的是人命關天的工作，以「遊戲」形容或許太輕浮。然而無論是何種工作，從事的心態都應當一樣：「因為想做，所以正在做」。

工作這種遊戲是藉由貢獻他人，帶給別人笑容來收集報酬。對方越是因此高興，能收集到的報酬越多，同時促進自己成長，獲得信賴，累積幸福，生活更加輕鬆愉快。

這項「遊戲」之所以有趣在於以下四項原因：

- 大概預測得到自己會贏，所以有趣。
- 無法輕鬆過關，所以有趣。
- 透過遊戲持續成長升級，所以有趣。
- 和遊戲的夥伴意氣相投，所以有趣。

要是找得到有趣到令人欣喜若狂的遊戲，可以說是人生勝利組吧！要是能因此獲得年輕一輩的認同，覺得「這位長輩生活好像很有意思，真好」不是很棒嗎？

五十歲之後的生活方式「以自己為優先」

我所提倡的「以自己為優先」不是恣意妄為，而是擺脫公司與家庭的束縛，在社會當中尋找「以個人身分能做到什麼？」

我們在十、二十多歲時，實在還不清楚自己「想做什麼」、「能做什麼」就開始工作。

儘管腦中多次浮現「我現在這樣真的好嗎？」然而一旦搭上名為組織的列車，想要臨時變換軌道就非易事了。只能繼續隨著列車搖晃，在途中成家立業——要是借了房貸或車貸，便更難下車了。

然而即便如此，我們還是有機會離開人生的既定軌道，像孩子般雀躍邁向冒險之旅，遵循好奇心前進，持續鑽研。感受自己對社會有所貢獻，受到周遭幫助，人際網絡想必會變得更為緊密。

五十歲開花結果的人

「五十歲開花結果」指的並非在社會上獲得崇高的地位，或是收入驚人，而是隨時抱持好奇心，「不執著、不勉強、悠然自得地」發展自己的可能性，每天全心投入生活。

有些「可能性」要到人生下半場才會浮現。無論是當志工也好，創作也好，任何挑戰與學習都能拓展自己的可能性——但是本書聚焦在工作上。

「以自己為優先，遊戲人生」代表忠於自己的欲望。

但是我要再三提醒大家，忠於自己的欲望不是任性妄為。

追求自己想做的事分為三種做法：

- 了解自己「想做什麼」跟「做得到什麼」。
- 提升自己的實力，持續做一個「別人需要的人」與「帶給別人喜悅的人」。
- 認識能夠貢獻社會的人和能夠互相支持的人。

換句話說，倘若自己想做的事和周遭、社會的要求一致，便是發揮自己能力與發光發熱的最佳機制。只要了解如何運用自己的能力，一輩子都不用擔心沒工作可做。

反而言之，年紀增長後最可惜的兩件事莫過於後悔自己從未做過想做的事，以及沒有任何人需要自己。

甚至，走到人生盡頭，最後悔的恐怕不是做了失敗，而是沒能投身想做的事吧！

有些人認為「在興趣與旅行方面完成想做的事就行了」，但是這些事情其實都能憑藉一己之力完成，對於促進自我成長與心靈滿足有限。

為了自己，不需要那麼努力；但是「希望自己這麼做能讓對方高興」、「希望多少能對社會有所貢獻」的熱情卻能夠支持一個人繼續走下去。

有時，某人一句「有你真好」便能救贖一個人。

五十歲之後依舊能夠自由選擇工作與人際關係，不受組織與交情束縛，透過貢獻社會與互助合作來交結朋友。

任何人都有機會在任何年齡發揮所長，開花結果。

有些人能開花結果好幾次，有些人則是經過漫長的醞釀後獲得豐盛的成果。而有時幫助別人開花結果，自己也會隨之成長。

「接下來想過怎麼樣的日子呢？」

希望大家能一邊閱讀本書，一邊和自己對話。開始邁向自己真正的人生吧！

有川真由美

目錄

前言 2

序 五十歲開花結果的人 6

Chapter —1—

五十歲之後的人生「以自己為優先」

01 你是否心想「人生下半場不要再工作」了呢？ 20

02 你是否覺得「有人願意僱用我就該謝天謝地」了？ 24

03 你非常擔心「要是公司哪天倒了……」嗎？ 28

04 你是否認為「我到這把年紀不可能做這種工作了」呢？ 33
05 你是否認為「年紀大了就找不到工作」？ 37
06 你是否認為自己「只做得來一種工作」？ 42
07 你是否覺得「雖然我有想做的事，但是想做的事賺不了錢」呢？ 47
08 你是否滿足於「晚年靠年金過極簡生活就好」呢？ 52
09 你是否認為「只有天選之人才能靠自己活下去」呢？ 56
10 你是否認為「想活下去就得做討厭的工作」呢？ 61

Chapter —2—

五十歲之後步步高升的人與走下坡的人

11 「邁向屬於自己道路」的三大條件 68
12 五十歲之後誠實面對自己吧！ 72
13 五十歲才應該「胸懷大志」 76
14 把「順勢而為」轉換成機會 81
15 利用「稻草富翁戰術」走天下 86

16 為自己留一條後路 91
17 思考自己的「下一步」與「退休時刻」 96
18 拿回自己的主導權，培養「自主性」吧！ 101
19 把「為了生活而做不想做的工作」轉換為「為了生活而做想做的事」 106
20 交朋友重視在一起「開心」與否而非「得失」 110
21 鼓起勇氣放掉「討厭的事」與「不擅長的事」 115
22 掌握「收支情況」就能制定未來計畫 119
23 人脈是資產 124
24 不知道怎麼為人生播種嗎？ 128

Chapter —3—

成為別人會開口說「想拜託你」的人

25 幾乎多數工作的報酬都是下一次的工作 134
26 自己的優缺點是由其他人發現 138
27 無法「客觀審視」自己的成年人不會有任何長進 142

28 培養專業，從「雇員」升級為「大家想委託的人」 147
29 沒有驚人的技能也能成為「稀有人才」 151
30 隨著年齡增長，活用「人性化的能力」 156
31 培養技能的唯一方法 161

Chapter —4—

五十歲之後開花結果的人如何交友與生活

32 五十歲之後以「個人身分」拓展交友圈 168
33 五十歲之後建立「公私混合」的人際關係吧！ 172
34 和下一個世代輕鬆交際吧！ 176
35 新的人際關係以「自己為中心」來挑選 181
36 你給我，我送你，建立「交換經濟」 186
37 意識到自己是群體的一份子 191
38 五十歲之後無所謂成功與失敗 195
39 以一年為單位，挑戰新事物 200

Chapter
—5—

五十歲之後開花結果與五十歲之後停止成長的生活習慣

40 口頭禪是「我已經老了」的人與不把年齡當藉口的人 206
41 隱藏弱點與失敗的人和公開弱點與失敗的人 208
42 不想嘗試新事物的人與刻意跨出舒適圈的人 210
43 遭到批判而憤怒的人與感謝他人指教的人 212
44 隨波逐流，不表達意見的人與清楚說明主張的人 214
45 和年輕人較勁的人與吸引年輕人支持的人 216
46 總是延後想做的事的人與總而言之先做做看再說的人 219
47 從眾的人與獨特的人 221
48 認為已經不用學習的人和享受接觸學習新事物的人 223
49 只有同齡朋友的人與朋友橫跨各年齡層的人 225
50 假日把時間耗在看電視、打電動的人與珍惜時間的人 227
51 一遇上挫折就放棄的人與遇上挫折尋求其他方法的人 229

52 沒耐心傾聽的人與喜歡傾聽的人 231
53 每一毛錢都想省下來當晚年資金的人和把錢花在促進自己成長的人 233
54 因為年紀大而放棄外貌的人與年紀愈大愈重視儀表的人 235
55 不想吃虧的人與願意為他人付出的人 237
56 經常感動的人和思考感動原因的人 239
57 從未思考十年後的人與思考十年後目標的人 241
58 「因為未來渺茫而悲觀不安」的人與「因為未來渺茫而樂觀期待」的人 243

閱讀本書之後，應該會出現下列的變化：

- 開始具體思考：「我想做什麼？」、「我能做什麼？」
- 發現自己其實隱含許多可能性，做得到的事情比自己想像得多。
- 成為自己的製作人，讓自己顯得更有魅力。
- 生活方式從講求效率與經濟，轉為重視「幸福」與「實現自我」。
- 了解維持生計有許多手段，不再為了金錢擔心受怕。
- 不再浪費時間、金錢與精力，將只投注於重要的人與事上。
- 積極學習與體驗新的事物，日子過得更精采豐富。

CHAPTER 1

五十歲之後的人生「以自己爲優先」

01

你是否心想「人生下半場不要再工作」了呢？

——因為至今的工作都是勉強自己為了他人做些不想做的事

為了寫這本書，我問身邊的人：「到了人生下半階段，你想怎麼工作呢？」

半數以上的人都告訴我：「我不想工作。」

上了年紀還要工作實在很討厭。身體疲累；壓力龐大；想靠退休金和年金節儉度日；想要把時間花在興趣和生活上；要是中了大樂透，第一件事就是要辭掉工作……不僅是中老年人，許多年輕人也是做如是想。

然而抱持如此心態，會不會是因為「至今的工作都是勉強自己、為了他人而做一些不想做的事」呢？

長期以來在組織中認真工作的人，或是承受莫大的壓力，認為自己「不做不可」，比別人更加努力的人，愈是覺得不能放下工作。

但是對於工作屬於「做自己想做的事」的人而言，工作能帶來成果，能看到別人喜悅的表情，所以開心到不想停下來，覺得想工作到動不了的那一天。

也因此，因為有著「十年後的目標」、「未來的願景」和「挑戰的對象」，更是精力充沛。

前後兩者的差別在於：每天的行動是「由他人決定」或是「自己決定」。

把人生之舵交給公司，乍看之下安穩輕鬆，卻也必須經常忍耐。

在公司上班，總是得將組織的規則奉為圭臬。儘管有時無法接受也得遵守，即使精疲力竭也不能依照自己的步調行動。

尤其是現代，五十歲以上的人為了工作，一路以來或多或少犧牲了自己的生活、學習、興趣與娛樂等私人生活。在規定的時間上下班；觀察周遭的氣氛決定言行；抵抗壓力的同時完成公司賦予的任務……幾十年來重複這種主權在他人手上的生活，自然到了年紀大了時就不想工作了。

大家心中多少隱藏了懷抱「不想吃苦」、「想要輕鬆度日」的心情。需要保護的事物變多了，自然會選擇平穩的道路，不再冒險。

年紀增長，更是容易選擇輕鬆的路線。

加上自尊心強，擔心世人的眼光，變得害怕失敗。

但是選擇輕鬆的路，無法發揮所長，反而會落得天天都快快不樂。

我們必須顛覆對於人生與工作的看法：

選擇的標準應該是「開心與否」，而非「輕鬆與否」。

例如參加旅行團雖然很輕鬆，卻只能依照他人安排好的行程前進；一個人旅行雖然有點麻煩，卻能選擇令自己雀躍喜悅的景點。所有人都能獨自出門旅行，人生也是如此。

五十歲之後，和公司、家人的關係也有所改變，正是改變生活方式的好時機。

依循自己的好奇心與興趣，選擇開心愉快的方向，壓力一定比輕鬆簡單的那條路少，並且在不知不覺中成長，贏得讚美，不再需要擔心經濟問題——最重要的是每天都過得很開心。

自己能掌握的事情變多了，身心靈自然不再受到壓迫。

第一章接下來向大家說明「以自己為優先的工作方式」。

◯ 選擇的標準應該是「開心與否」，而不是「輕鬆與否」。

02

你是否覺得「有人願意僱用我就該謝天謝地」了？

——公司不會像你這般關心你自己

退休年限年年延長，七十歲退休逐漸可能成真。也許在不久的將來，退休年限會變成七十五歲或是完全取消也說不定。

這種時候通常會聽到下列的意見：「要工作那麼久嗎？到那個年紀，我想靠年金生活了」、「到時候還有工作機會就該謝天謝地了」。

幾乎所有人都認為「工作＝受公司僱用」，人生安排也都以公司派任的工作為重，所以選擇工作的條件是「工作穩定、薪資佳」。

每次看到延長退休年限的報導，我總是懷疑「我真的能為此高興嗎？」生活安定自然是有其好處，卻也可能因此失去「活出自己的人生」

的機會。

許多人明明隸屬於組織，卻認為組織中的生活便是自己的人生，而且從來不曾產生任何疑問。但是情況真是如此嗎？

你是否因為處處配合他人，結果把別人想要的目標當作自己的，把別人的是非標準當作自己的，從來不曾認真聆聽打從自己內心發出的聲音呢？

從小家長和老師便要求我們做「乖孩子」，出了社會「要隨和」、「要在競爭中出人頭地」，由於遭到外界的價值觀洗腦，離開組織時往往「不知道該做什麼好」，也「不知道自己想做什麼」。

我寫這段文章不是要否定這種人生。社會制度與價值觀本來就會對人生造成巨大影響，我也是其中一份子。正因為我們為了生活竭盡全力，找到自己在社會上的位置，以及努力保護這個位置，才得以學會工作技能、社會人情與交際能力。

但是思考「剩餘的人生」時，不可否認的是心中的確湧起「不想在現況之下結束」的心情。

據說某位住持時常都有人來找他商量人生的煩惱，內容包括「我不知道該不該辭職？」、「我因為家人而煩惱」、「我不知道該怎麼活下去」等等。他每次都反問對方：「那麼你想怎麼做呢？」

他不會直接回答對方，而是先確定對方想怎麼做，再來一起想辦法。所有問題的解決辦法都是從「自己究竟想怎麼做」開始。

回到原本的話題，要是真心想重視人生，就必須停下腳步，嘗試思考人生的意義。把人生從「別人豔羨的生活」轉換為「自己滿意的生活」。

這一點也不難，甚至可以說比之前的生活都簡單。

就算是小事也要選擇「想做的事」，而不是「得做的事」。不再根據頭腦理性思考，而要改為聽從內心的聲音。

人生沒有任何事情是「非做不可」的。

吃想吃的食物、見想見的人、去想去的地方、看想看的景色、聽想聽的聲音，假日做自己想做的事……藉由選擇喜好的過程了解自己究竟期待什麼、厭惡什麼，又是待在什麼樣的環境才會感到舒適。在一次又一次的選擇中，發現自己滿意的工作與帶來幸福的工作方式。

人總是以為了解自己，其實最摸不清的就是自己。一直在公司工作的人、一直以家人為優先的人，需要重新「尋找自己」。

追求屬於自己的幸福與滿足，結果將會是發現自己喜愛的事物，並且把精力和時間都用在喜愛的事物上。

○判斷的標準是「想做與否」，而不是「該做與否」。

03

你非常擔心「要是公司哪天倒了……」嗎？

——公司與家人原本就不會陪你一輩子

我想在本節跟大家分享一些我的經歷。

以前在公司上班到過勞時，我曾經想過：「我越是認真工作，反而越是不幸吧！」

越是努力，身心狀況越差。沒空花賺來的錢，也沒空和家人、朋友見面……但之所以如此痛苦，卻還是堅持留在公司，是因為：認為辭去好不容易才找到的工作是「算我輸了」、「逃避」——正確來說，我更害怕自己失去了公司賦予的頭銜，大家會認為我一無所有、一無是處。

最後身體狀況逼得我不得不辭去工作。休息半年後重新開始找工作，才發現原來之前累積的經驗完全派不上用場，這令我啞口無言——儘管當年我在公司受到表揚，快速升官，出了公司也不過只是一個普通人。

我沒有任何值得抬頭挺胸，大聲誇耀的技能。

之後我經歷過的工作形形色色，在工作過程中學到各式各樣新技能。例如在婚顧公司上班時學會攝影，後來成為接案攝影師；日後又以約聘人員的身分進入報社工作。

我本來打算在報社工作到退休，結果就在我悠哉以對時，政府修法導致合約突然中止，我也因此失去工作。

當時我才快四十歲，離退休年限還有二十年，就此離開職場未免太早。

那個時候，每晚睡前，我都會問自己：「我究竟想做什麼？」直到某天早晨，腦中突然浮現自己拿著相機前往國外採訪的模樣。這股衝動驅使我在數個月之後實現了這番場景。

實際上當然沒辦法一開始就一帆風順。浪跡世界各地數個月之後，我在橫濱租了間沒有浴室的小房子，每天做臨時工，同時陸陸續續在周刊雜誌上發表作品。

生活不算寬裕，但是走在自己選擇的道路上，回憶的每個片段都是「好開心」、「好幸福」。

大家讀了這段話或許會認為我之所以敢冒險是因為年輕，或是覺得我剛好運氣好才得以實現心願。然而，年齡與人脈固然重要，但是假如我是五、六十歲離開組織，想必還是會找到做得到的事。

智慧隨著年齡增長，人脈也隨之擴大。年紀大了再去冒險，想必也會是場有趣的旅行。

我做過正職人員、約聘員工，也接過案、當過老闆，到目前為止體驗過的工作超過五十種，屢屢挑戰新領域。

一般社會的價值觀是「進了公司就該待到退休」、「上班族的價值在於能在一間公司待多久」。

但是我們和公司的關係本來就不會持續一輩子——其實就連家人也是——總有一天，我們會卸下對公司或家人所需負起的責任。

過去的生活型態是「學習（直到二十歲前後）→工作（直到六十歲前後）→安享晚年（直到離開人世）」，今後則是所有階段同時進行「學習」、「工作」與「娛樂」，不再受到年齡限制。一旦工作加入了學習與娛樂，可以想見將為人生帶來下一個舞台。

我希望大家能把公司當作生涯中的一個「跳板」，而不是提供工作的地方，等到老了就被公司拋棄。

我會在第二章與第三章詳述生活場域不僅限於職場，還能擴大到整個社會。在公司任職了數十年的上班族和為了家事與育兒從未休息的主婦，不可能什麼也不會。

把眼光放遠到整個社會，就能發現有許多方式能直接貢獻社會，為更多人帶來幸福。

○所有年齡層都能同時進行「學習」、「工作」與「娛樂」。

04

你是否認為「我到這把年紀不可能做這種工作了」呢？

——自己的價值不應該受限於是否獲得肯定

回到故鄉發展的人經常把「鄉下沒工作」這句話掛在嘴上。無論是中老年人或是年輕人，紛紛感嘆鄉下地方公司少、薪水低、當不了正職員工。

但是我希望大家停下腳步想一想：新冠疫情擴散之後，越來越多人可以遠距辦公。鄉下地方的長照、幼保、農業與運輸業等總是缺乏人手。懂得靈機應變的人會尋找這些行業的相關工作，或是自行開店、創業，或是從事地方創生、當志工來融入當地生活。

在大企業上過班或是頭銜顯赫的人，退休後，愈是容易在意頭銜或立場，容易說出「我到這把年紀不可能做這種工作了」這樣的話；家庭主婦等到孩子大了離巢，終於可以做自己想做的事，不受家務綑綁，卻也有些人認為「我都這把年紀了，不想打工」。

我接下來要說的話可能不是很中聽，不過這世上最麻煩的莫過於這類自尊了。

我想這些人一直是以旁人的評價與比較來決定自己的價值。因為沒有自信，才會炫耀頭銜與當年勇，藉由從事有頭有臉的工作來武裝自己。

真正滿懷自信的人都很謙虛。因為確實了解自己的價值，不需要誇示自己或是擺架子來凸顯自己高人一等。只要能有所成長，即便對方比自己年輕，也能彎下腰來請教對方。

無論多麼在乎旁人眼光，其實旁人並不如想像般在意自己。

我們應該把「渴望他人肯定」的生活方式，轉換為「肯定自我」跟

「喜歡自己」的生活方式。

日本人的工作價值觀近年有大幅改變，相較於中老年人，年輕人早一步開始重視個人的幸福與成長勝過地位與收入。這應該是因為他們實際感受到就算為了工作犧牲自我，也無法獲得相當的回報。

比起「頭銜」與「收入」，這些年輕人更重視「工作的意義」與工作時的「心情好壞」。

與其看重隸屬於何種組織，更在意「自己能成為何種人物」與「和哪些人建立關係」。

他們避開往上爬的競爭，不再受公司階級關係的消磨，尋找如何透過橫向的人脈與他人合作，發揮自己的能力。

中老年人難以改變過往的價值觀。但若能早一步轉換生活方式，擺脫過去的「詛咒」，就能活得不執著、不勉強，悠然自得。

任誰都希望「獲得肯定」，相信這種欲望會跟隨我們直到死亡，不能否認這是人類進步的原動力。但也正因為需要被肯定，更是不能成為那種依賴過往頭銜的悲慘人類。

一離開公司，原本建立在利害關係上的人際關係立刻煙消雲散。會「想見這個人」、「想跟這個人共事」，通常是因為對方的個性或工作時散發魅力。他們懷抱熱情行動，或是堅持自己的價值觀，悠然自得享受自己想做的事……換句話說，獲得他人尊敬與讓他人覺得很帥氣的人是因為「活在當下」，而非「當年勇」。

「到這把年紀不想做這種工作」的人更應該培養能力，培養那種對自己滿意，並且獲得他人肯定的能力。

與其選擇工作，不如先成為他人想要選擇的對象。

○自信應該來自「現在的自己」，而非「過去的自己」。

05

你是否認為「年紀大了就找不到工作」？

——或許是因為嘗試和年輕人站在相同的起跑線上？

前幾天，我請醫院幫我叫長照用計程車，好方便我帶坐輪椅的母親轉院。

七十多歲的司機非常細心，先是把剛洗好的毛毯蓋在母親身上，以防她覺得冷；又陪母親聊天解悶；無論是把母親移動到車上或是開在高速公路上時，都小心翼翼避免震動。他下了許多功夫，讓患者坐在車上時也能舒舒服服。就連他所駕駛的這輛計程車都特別改裝過。

「不愧是專家，您從事這行很久了嗎？」

「沒有沒有，我幾年前為了照顧父母才回到故鄉。接送父母到市立醫院幾次後，開始跟醫院員工有了交情。有一天事務長來找我幫忙……」

我想事務長不是隨便找人幫忙，而是從他照顧父母的情況與醫院員工的對話中感覺到這個人值得信任。

「我本來就有職業駕照，之後又上了長照員初訓班。現在很多醫院都找我接送，有時候一天還會開到五百公里。」

他幾年前在關西經營租賃重型機具的公司，為了操作重型機具而考了二十張以上的證照，憑一己之力擴張公司。最後把所有財產都讓給妻小，離婚後獨身回到家鄉。

儘管他失去了肉眼可見的財產，長年培養的工作心態、想法與技能等資產卻不會隨之消失。了解何謂人才的伯樂只要稍微聊一下，便能明白「這個人一定做得到」或是「這個人大概應付不來」。

常聽人說：「年紀大了就找不到工作。」之所以會出現這樣的論點，是因為和年輕人站在相同的起跑點上爭奪工作。

實際轉換過工作的人便能明白，別說是五十歲了，過了三十歲，沒有特殊技能或是證照，跳槽都不是件簡單的事。

把一般徵人的條件套用在自己身上，發現的淨是不符資格的地方：缺乏技能、經驗不足、沒有證照、超過年齡、想法老套、體力衰退等等。所以年紀越大，適合的工作越少。

即便現在是公司的一員，為了符合公司要求，還是得努力彌補自己「還沒學會○○」、「累積的成果不夠」、「缺乏領導能力」等不足之處。

把生活方式從「以公司為優先」轉換為「以自己為優先」，需要一百八十度改變想法。

首先是，著眼於「自己擁有什麼」而非「缺乏什麼」。

個人擁有的能力不僅是證照或工作經驗等明確條件，還包括識人識物的眼光、溝通技巧，以及解決問題的能力等，這些當事人可能也沒發覺到的性格，其實都是重要資產。

「喜歡和人聊天」、「常常有人誇我品味好」、「對環保議題有興趣」等嗜好，以及擅長的事與好奇心等，都是很重要的資產，也是活力的來源。

出動自己已經擁有的一切資產，便能創造工作。

話說，「年長」也是重要的資產之一。

以電視購物為例，介紹健康食品時，經常出現八十多歲的健美選手和九十多歲的健身教練等人。他們之所以獲得讚賞正是因為年齡，能藉此吸引同年齡的客群。我有朋友五十多歲開始練瑜伽，六十多歲當起瑜伽教練，他因為熟悉老年人的身體，課程適合中高齡學生而大受歡迎。

中老年人不應該去找任誰都做得來的工作。

無論是五十歲、六十歲還是七十歲，每個年齡層都有適合自己的競爭方式。

◯著眼於「自己擁有什麼」而非「缺乏什麼」。

06

你是否認為自己「只做得來一種工作」？

——不需要堅持特定的工作，你會做的事情更多

不分老少，許多人在制定人生計畫時，往往認定「在同一家公司工作到退休最好」，這或許是因為換工作並非易事，在同一間公司累積年資，比較有機會加薪跟升官吧！然而實際上，越來越少人能在同一家公司待到退休。

即便勞工本身沒有問題，還是可能由於公司倒閉、裁員或是人際關係等因素而離職。

換工作時倘若過於堅持特定工作，例如只做過行政工作所以不願意挑戰其他部門，或是只願意從事跟持有的證照相關的工作，可能會發現適用

於過去職場的技能到了外界卻無用武之地。

當然，有些經歷與夢想，要在同一家公司待得夠久，才有可能實現。不過，那些過往業績受到公司內部與外界好評的人，當他們要換工作或是屆退時，往往會有人提供下一個機會。

「我只做得來一種工作」的消極選擇如果讓你悶悶不樂，不妨考慮其他選項吧！

現代社會變化劇烈，要求高中或大學畢業，沒什麼工作經驗的社會新鮮人，把第一家公司當作「要待上一輩子的職場」，原本就是強人所難。

換句話說，等於是把二十多歲時買的衣服穿上一輩子。有些人運氣好，或許真能遇上值得做一輩子的天職。但是在工作的過程中，出現疑問，覺得「這份工作好像越來越不適合自己」、「我應該還有其他選擇」等，也是理所當然。

工作靠緣分，有些事情不做不知道。適不適合自己，是否符合潮流，是否能長久做下去等因素都可能受到年齡左右。

即便是礙於生活而無法辭去工作的人，過了五十歲也能挑戰過往渴望的工作，或是以原本的工作為基礎離開公司獨立，甚至完全轉換跑道。

我經常去一家書店複合咖啡廳，老闆是一對夫妻。他們年過六十歲時搬家到此地，開了這間咖啡廳。

老闆原本是編輯，老闆娘現在仍在短期大學教古典文學。咖啡廳的客群年齡層，從兒童橫跨到九十多歲的老人。和老闆夫妻聊起書來實在是快樂得不得了，對方充滿活力的開朗模樣也讓我印象深刻。

老闆娘在孩子長大離家之後，決定開設會員制的文學沙龍，也就是現在的書店兼咖啡廳前身。

她表示：「當時打算，如果外子反對，就算離婚也要開。結果外子選擇辭去工作，和我一起創業。」

現在咖啡廳裡的甜點製作、講座和活動主持，都是老闆負責的，他工作得非常開心。

由此可知，過去的工作經驗到了新職場，仍舊能以不同的形式派上用場。

五十歲之後，重點不再是今後「成果與報酬的多寡」，而是「時間與心靈充實滿足的程度」。

四、五十歲的上班族，最好趁著還在公司的期間，思考退休後如何從事其他工作，尋找「想做什麼」與「能做什麼」。知道自己「就算辭職了還有別條路可走」、「總有一天要挑戰別種工作」，保有多種選項，心裡自然踏實多了。

真正的安定不是永恆不變，而是靈活因應變化。

畢竟人心、本身的狀態與周遭的環境，都不可能一成不變。

◯與其守成，「拒絕變化」，不如積極「選擇改變」。

07

你是否覺得「雖然我有想做的事，但是想做的事賺不了錢」呢？

——不需要嚴肅看待「喜歡的事」、「想做的事」

有些人會說：「我退休之後想去務農，可是好像賺不了錢。」

當我詢問對方：「因為賺不了錢才不去做嗎？」對方露出苦惱的表情：「要是沒辦法生活，就算想做也只能放棄啊！我也不想到了這個年紀還失敗。」

我也在年輕人口中聽過相同的煩惱：「我想當插畫家，可是很難……」、「我想從事跟動物有關的工作，可是這行薪水很差。」

如果是以「會賺錢與否」來決定做或不做，那麼或許那根本不是你衷心想做的事。

既然是想做的事，與其堅持把興趣化為工作，不如先嘗試一次看看？以務農為例，可以先從自家院子開始，或是租塊田來當週末農夫。

一開始就想把「喜歡的事」化為「收入」是強人所難。

工作若以目的來分類，可分為以下三種：

一、「維持家計」：賺取金錢，以求餬口。

二、「滿足心靈」：透過工作獲得成就感。

三、「人生志業」：追求使命感與價值意義。

二十歲進入社會初始是建立生活基礎；三、四十歲建立家庭而必須「維持家計」；過了五十歲則開始透過工作來追求「人生志業」。

但是我們往往摸不清楚自己究竟喜歡什麼、想做什麼，結果多半是「興趣變成工作就不喜歡了」或是「發現這個工作其實不適合自己」。

獨自一人堅持「想做的事」，既提不起勁奮鬥，也很難持續。有時候反而是順其自然而開始的工作，會逐漸成為生命的意義。

五十歲之後的工作應該著重「自己的好惡」。沒有強烈喜好的人，不妨從「如何對社會有所貢獻」的角度來思考。

考量自己擅長與否、有興趣與否，同時追求「我該做什麼才能幫助他人」。如此一來，自然會有人需要自己，容易發現可以「維持生計」的工作。又因為受到信賴，對他人有所貢獻，維持生計的同時也能「滿足心靈」，最後終於成為充滿使命感與價值意義的「人生志業」。

活用自己的能力幫助他人，化為「自己想做的事」，便能滿足所有工作的目的。「生活所需」與「符合嗜好」的工作因而合而為一，所有時間和能量便都能投注在同一件事上。

早期，對日本人而言，為了社會與他人而工作、做出貢獻的意義，勝過於獲得實際報酬和肯定。工作就是生活本身，也是一種自豪。因此在無法自由選擇職業的時代，大家以專家身分製造優秀的商品，鍛鍊自己的技術，一輩子鑽研於工作。

然而現代社會型態日益複雜，越來越難像古人一樣透過工作獲得成就感。因此許多人選擇以個人的身分來獲得成就感。尤其是年過五十之後，更是渴望「尋找人生的意義」、「對社會有所貢獻」。

既然之前已經有過工作經驗，自然已經建立起工作的基礎。重視「給予」勝於「獲得」的人，人生自然會一帆風順。主動「給予」周遭的人能量，而非一味「索取」，自己也會獲得幸福活力。「以自己為優先的生活方式」不是只想著自己，而是認真思考社會需要什麼，以及自己能為社會做什麼。

五十歲之後開花結果的人是把「我為人人」換成「我為我自己」。

○與其等待他人「給予發揮的機會」，不如自己「尋找發揮的機會」。

08

你是否滿足於「晚年靠年金過極簡生活就好」呢？

——與其保守退縮，積極主動的人生更有意思

從以前到現在，總有一定程度的人渴望「老了之後搬到鄉下，靠年金節儉過日子」。最近流行起「惜物生活」、「極簡生活」等時髦的小規模生活，「深山尼特族」也成為熱門話題。

我很贊成人應該隨著年齡增長，減少自己手頭持有的物品。減少擁有的物品能省去管理、收拾、尋找的時間與精力，也減輕心理負擔。

但是縮小生活規模不代表想法與生活方式也必須隨之退縮。嘗試減少花費，儘量不要花錢，往往會選擇減少日常活動、縮小交友圈，如此恐致視野變得狹隘，著重所謂的「小確幸」。

我從三十多歲開始選擇減少擁有的物品。由於我每隔幾年就搬家，住過都市、鄉下與國外，選擇極簡生活是為了方便四處移動，移居各地則有利於收集寫作題材。

無論從事何種工作，長期處於固定的環境與人際關係，容易受到偏見束縛，感受性變得遲鈍，想法隨之僵化。

我也曾在生病時想過「不要太貪心，就這樣過日子吧！」

但是這時候冒出另一個自己在耳邊低語：「不要侷限你自己！」

會出現另一個自己想必是因為內心覺得尚未到達極限，不能就此輕易放棄吧！

之後我又在內心衝動驅使之下，打開了一扇新的窗。就算得跳脫舒適圈，我也想服從渴望前進冒險的欲望。

把「晚年靠年金生活」當作最後手段，去嘗試有趣的事，挑戰自己究竟能做到什麼地步，不是更有意思嗎？

每個人對於幸福的定義都不一樣。年過五十，容易安慰自己老了要滿足於垂手可得的小確幸，例如有遮風避雨的房子與美味的三餐就夠了，有家人好友陪伴就夠了，追求興趣就夠了……。

職場上也是，覺得「做健康就好」、在自己做得到的範圍內盡力而為即可，逃避著新工作或麻煩事。

要是能就此滿足自然最好，但是，五、六十歲就過起這種日子想必會悶悶不樂吧？

認為「我應該還能做點什麼吧！」代表還有「成長的空間」。要是錯過了這個時機，下一個階段要行動可能會有一點麻煩，再下一個階段則是，想行動也動彈不得了。

總而言之，過了五十歲還想成長就必須更加注意新資訊、環境與人際關係，自行發起「革命」。

小確幸和追求自己可能性所獲得的幸福是兩碼子事。先突破自己的極限才能獲得真正的幸福。

當長久以來孜孜矻矻從事的工作終於開花結果，當感受到子女成長，或是跑完馬拉松等時候之流下喜悅的淚水，都是因為克服了困難與辛勞。

想要獲得幸福不是逃避困難，而是找到能讓人不畏困難的事。

我認識一位五十多歲的女性，告訴女兒「不要期待我幫你帶孫」，跟丈夫說「自己的事自己做」，之後就辭去工作，跑到國外當日文老師了。她說：「要是死之前，從來沒挑戰自己能力的極限，怎麼會死得甘心呢？我想要親自向女兒、孫子示範，人無論到了幾歲都能挑戰。」她離開舒適圈去「挑戰」之後，和家人的感情反而更好了。

五、六十歲不該是侷限自己追求小確幸的年紀，而該積極主動擴大自己的世界。

○與其逃避困難，不如尋找讓你願意不畏困難的事。

09

你是否認為「只有天選之人才能靠自己活下去」呢？

——重點不在於工作技能，而是「總會有辦法」的樂觀天性

我採訪過「過了五十歲找到合適的工作並且樂在其中」的人和將就的人。那些將就的人異口同聲表示「都是因為我能力不足」、「要是有證照或是技術的話，找工作就不會那麼辛苦了」。

其實工作這種事，不需要想得那麼複雜。

那些找到工作的人即使缺乏技術與經驗，還是能抱持樂觀的心情，認為「如果是這樣的工作，我應該也做得來」。在實際參與的過程中，逐漸培養能力並且加以深化。

所謂的「樂觀」是指對未來抱持正面積極的態度，相信「總會有辦

法的」，同時具備沒來由的自信。正因為能樂觀看待一切，才能開拓人生吧！

我感受到的「**開朗、勇敢又樂觀的人**」有以下三大特徵：

一、**凡事不會想得太複雜，覺得「總會有辦法」就去試試看**。

二、**不會過度用力，做「自己做得來的小事」**。

三、**就算遇上挫折也不會氣餒失意，而是積極向前，認為「也是會有失敗的時候」**。

換句話說，樂觀的人不會拘泥於過去或未來，而是著眼於「當下做得到的事」。

法國哲學家阿蘭（Alain）說：「悲觀主義出自情緒，樂觀主義出自意志。」人類原本就是悲觀弱小的生物。

我也不是天生樂觀的人。當初離開公司，選擇接案工作時，總是擺脫不了悲觀的想法，內心充斥不安，常常擔心沒有固定收入，無法預測未來，難以獲得社會信任等等。

沒有人命令或管理我也是不安的主因之一。我擔憂著要是我對自己太放鬆，一定會墮落到無底深淵。

但是當我開始確定自己應該做得來，覺得自己接下這份工作，生計大概暫時就沒問題了，進而漸漸習慣這種生活，便發現再也沒有比接案更自由愉快的工作了。

人雖然會害怕「未知的世界」，卻也能馬上習慣。

轉換跑道當然會莫名不安，卻總有一天會習慣。重要的是，要保持開朗的心境與不要把事情想得太複雜。

遭遇挫折往往是把事情想得太困難，以悲觀的角度預測未來，最後「自爆」。

稍微遇上挫折也是在預想範圍內。經歷幾次不到致死程度的「總會有辦法」的情況，心靈就會越來越強大。

為了讓自己保持樂觀，我不會制訂太長遠的計畫，而是以一年為單位來規劃，告訴自己「總而言之，先做一年看看」——即便不確定今後的人生該怎麼走下去，至少知道未來一年的行程，便能樂觀規劃了吧！

未來的一年可以升級現有的工作，轉換職場，或是挑戰之前就有興趣的其他工作。

人到了四、五十歲，多多少少明白自己做得到什麼又做不到什麼，然而這並不代表找得到適合自己又有意義的工作。現代社會變化劇烈，偶然的機會也可能大幅影響人生。因此遇上機會時，最好從中挑選現在想嘗試的事。

一開始不要過度期待，抱持「好像很有趣，我也來試看看吧」的心態踏出第一步。

覺得「我應該也做得來」隱含無限的可能性，剛萌芽的自信心也能培育成蒼天大樹。

○累積「做了就會」的經驗，建立沒來由的自信。

10

你是否認為「想活下去就得做討厭的工作」呢？

——我們沒有時間浪費在討厭或不擅長的事情上

我從五十歲以上的人口中聽過好幾次這句話：「只有那些不用煩惱錢的人才能做自己想做的事，大部分的人都得為了生存從事討厭的工作。」

這是一項事實，也是他們生活中的真實感觸。

然而俯瞰整個人生便能了解人生苦短，沒有多餘的時間浪費在討厭或是不擅長的事物上。

要是你只能再活一年，你想怎麼度過這一年呢？

我認為五十歲之後的人生應當享受「工作如遊戲」。

換句話說，聽從自己的「好奇心」，從事自己「想做的事」。工作時感覺到「這個工作真快樂」、「真有意思」，透過勞動本身發現喜悅，便是至高無上的「獎勵（報酬）」了。

讓希望想做的事成為工作，關鍵在於「是否有人需要」。因此這件事必須是專屬自己的「角色」，而且對他人有所貢獻，而不是單獨鑽研的特殊興趣。

要是待在組織裡，組織自然會賦予需要扮演的角色，教導工作內容、建立人際關係。然而年過五十，體力等支持自己的各方面的要素會日漸減少。因此我認為，到了這個階段，要驅使自己主動行動和建立資歷的關鍵在於「好奇心」與「角色」。

要是有人肯定自己到目前為止的工作表現，自然會獲得屬於自己的「角色」。

如果沒有人賦予角色，不妨提早依循好奇心行動，嘗試「我想知道」、「我想瞧瞧」、「我想做做看」的事，好為下一個階段做準備。

在嘗試的過程中，自然便能發現自己扮演何種角色才能對周遭有所貢獻。

有些工作是始於「我想幫助這個人」或是「我想援助這個人」，這也是出於好奇心才能遇到對方，同時在過程中積極學習以便「提供對方更好的選擇」，好奇心更加旺盛。

好奇心是面對未知事物的強大能量，而不是「麻煩的性格」。因為好奇，付出辛勞也不覺得是勉強自己努力。懷抱謙虛之心來學習，在全心投入的過程中累積更多知識與經驗。

這些知識與經驗都會內化為資源，在下一次工作時派上用場。

不僅是工作，充滿好奇心的人知識淵博、經驗豐富，能藉由共鳴與相互學習建立人際關係。

我轉行從事接案工作將近二十年，實際感受到好奇心與角色缺一不可，要是缺乏其中一項，別說是數十年了，連一年也撐不了。無論我覺得寫作多麼有意思，要是沒有截稿日，恐怕無法寫這麼久。另一方面，雖然我喜歡寫作，倘若客戶要求的是沒興趣的主題，恐怕也無法湧起幹勁，寫不出好文章。

在依循好奇心行動的世界裡，有人願意等我，有人願意幫助我，所以我才能回應對方的期待，湧起好奇心，想要獲得更多知識和智慧。我深深感受到「好奇心」與「角色」兩大要素支持我走到現在，培育出現在的我。

俗話說：「用明天就要死亡的態度生活，以永遠不會死去的精神學習。」人生在世，最重要的莫過於活出自己想要的生活。不要退縮保守，不要自暴自棄，積極活在當下，充分運用好奇心與外界賦予自己的角色。

○在工作上發揮好奇心，提升人生的滿意程度。

CHAPTER 2

五十歲之後步步高升的人與走下坡的人

11

「邁向屬於自己道路」的三大條件

——不需要才華洋溢也能找到適合自己的工作

「五十歲之後開花結果的人」不會和他人比較競爭，而是一個勁地走在自己選擇的人生之路上。

人生沒有保證成功之路，也沒有一定正確之路。但是發現能令自己雀躍期待的事物並進而沉醉其中，便能走上「專屬自己的人生之路」。

人生的樂趣不僅是抵達目的地，而是因為過程中充滿樂趣，所以無需勉強也能自然走下去，同時愉快成長。

想在**五十歲之後藉由工作找到專屬自己的道路**，需要符合三項條件：

一、**做自己想做的事。**

二、**發揮所長（強項）。**

三、**貢獻社會，是社會需要的人才。**

簡而言之就是「想做的事」、「擅長的事」、「社會所需人才」三項條件的總和。

這三項條件相輔相成，形成「做的是想做的事，所以越做越拿手」，「因為很擅長這件事，於是有人來拜託我做」，「由於有人來拜託我做，我因而很想做，也越做越厲害」的正向循環，不斷提升自己的程度。

反而言之，只要缺乏其中一項條件，別說是邁向專屬自己的道路了，甚至可能走向一條充滿荊棘之路。

例如年過五十之後，因為喜歡音樂，想靠音樂吃飯，於是開始鍛鍊音樂方面的能力，四處宣傳，結果卻沒人來委託音樂相關的工作，自然無法靠音樂來維持生計。

社會上充滿農業與長照等缺乏人手的工作，然而要是不適合自己，勉強去做也只會覺得很辛苦，無法持久。

畢竟五十歲之後，已經沒有多少時間可以浪費了。

所以我希望大家能儘早發現符合這三項條件的工作。

反而言之，這也是最節省時間又能快樂成長的方向。

即使剛開始的程度不過是比一般人稍微厲害一點，持續貢獻他人的過程中自然會不斷精進，逐漸成為專家。

我周遭年過五十又有所成就的人都符合這三項條件。但是他們不是原本就才華洋溢或是拚命三郎。

這些人的情況總結成一句話便是「發現自己的角色」。發現自己角色的人因為對周遭有所貢獻，成為他人眼中「多虧有你幫忙」、「這個工作只有你才做得來」的人物。

必須注意的是，正因為有人需要，與社會共存，才能開拓專屬於自己的人生道路。

假設你是森林中的一棵樹，因為你這棵樹帶給周遭的動植物養分，或是由對方身上獲得養分，所以才能綻放花朵。人也是對周遭有所裨益，才能活出璀璨人生。

對周遭有所裨益——關鍵正是扮演的「角色」對社會有所貢獻，協助眾人。

或許會有人覺得現在才開始「探索真正的自己」未免也太晚，但是至今以公司或家庭為主的人更應該重新「探索真正的自己」。

○發現「專屬自己的道路」，找到最適合自己的角色。

12

五十歲之後誠實面對自己吧！

——不要再勉強自己配合別人了

希望臨終時不會後悔，關鍵在於「誠實面對自己」。

有些人或許礙於生活而勉強自己配合周遭，當個「好好先生」，但是既然年過五十了，就不要再逼迫自己了吧！

五十歲開始，就「誠實面對自己」吧！

特別是工作方面，不僅是因為誠實面對自己才能感覺「幸福」與「滿足」，從人生的「戰略」角度來看，這也是最好的做法。

理由之一是：想要長長久久做下去，就得做「想做的事」。

年過五十之後，光憑責任感與義務是撐不下去的。

每天早上起來，想到接下來要做的是喜歡的事還是討厭卻非做不可的事，兩者的幹勁必定天差地別。

意識到「我選擇了自己想做的事」，不僅會努力把這件事轉換為工作，不會輕易妥協，也會下工夫好讓自己能長期堅持又沒有壓力。相對的，當遇上挫折時，如果不是想做的事，大概三兩下就放棄了。

儘管如此，很多人年紀一大把了，還是不知道自己「想做的事」是什麼，在人生之路上徬徨徘徊。雖然對目前的工作沒有不滿，卻總覺得好像還缺少點什麼，莫名悶悶不樂。

「想做的事」這種說法非常模糊不清，在還沒正式著手的階段不過是「想做做看的事」。在實際動手做的過程中，感受到意義與回應，才會成為「真正想做的事」。

雖然不見得一切都會一帆風順，要是覺得「有點想試試」、「好像很有趣」時，不妨抱持「實驗」的心態，利用副業或是週末體驗等型態著手看看。只要有心，就有辦法。

中老年人嘗試自行創業或是轉換跑道往往因為害怕失敗而不自覺「用力過度」，反而是抱持輕鬆的心態「試試看」更容易成功。

有時在嘗試的過程中，一切突然就像齒輪緊密咬合，順利轉動起來。如同上一節所述，關鍵在於結合「想做的事」、「擅長的事」與「社會所需人才」。如此一來便能產生連自己也意想不到的成果，獲得前所未有的好評。

我也嘗試過許多工作，結果持續最久的是童年時最喜歡的、最沉迷也最常獲得讚美的寫作。「想做的事」跟「擅長的事」本質上或許沒什麼不同。

至於原本全力衝刺的人進入人生中場時，需要一段摸索自我的時間，確定自己「究竟想做什麼」、「究竟想過什麼樣的人生？」、「究竟想要如何工作？」、「究竟想要何種方式貢獻社會？」

可能想不到答案，可能無法實現，然而最重要的是嘗試聆聽隱藏在內心深處的心聲。總有一天答案會突然冒出來，你終於會發現「原來這是我想做的事」、「在不知不覺中做起想做的事」。

想要誠實面對自己，第一步便從午餐吃什麼等日常生活微小的選擇，開始服從自己的「欲望」吧。遵循好奇心、喜好、雀躍的心情、喜悅與快樂等從內心湧現的感情，自然會全力衝向渴望前進的方向。

感情最明白什麼事物能讓人感到幸福與無往不利。

倘若抱持著討厭、痛苦、不拿手、無趣、無聊等負面情緒前進，就會像一腳踩油門，另一腳卻踩剎車，不可能一帆風順。誠實面對自己，學會放手與拒絕也是重要的功課。

「別人是別人，我是我」——朝自己想走的路邁進吧！誠實面對自己乍看之下很孤單，其實能獲得全世界都站在你這邊的安全感。

○多方嘗試才能找到想做的事。

13

五十歲才應該「胸懷大志」

——打造能認真投入的「現在」

「雄心壯志」、「夢想」與「希望」聽起來都像是在描述年輕人。

根據一份網路調查的結果顯示，四十至五十九歲男性的夢想主要是「享受興趣」、「成為有錢人（累積資產）」，兩項結果的比例分別為百分之五十左右。其次是「減肥」、「買房子」、「創業」與「升官」，合計約莫百分之十。

到了五十歲這個年紀，已經可以預見職涯的未來，開始對工作採取退縮守成的態度也是無可奈何。女性也變得更為現實，比起工作，更著眼於興趣、金錢與家人等小確幸。

但是我建議大家，正因為年過五十，更應該胸懷大志。

人的形塑建立於所見所聞。雖然重視金錢與減肥等小確幸也很重要，嘗試挑戰與貢獻社會等偉大夢想，所看見的世界與前者大相逕庭。

但是我不是要求大家追逐不可能實現的夢想。這個年紀已經沒有承受巨大失敗或是披荊斬棘的體力了。取而代之的是了解自己所能與不能，對世事有一定程度的理解，以及明白如何建立人際關係。相較於年輕時浪費體力在無謂的事物上，現在更能以節能模式與自己的步調來完成偉大的夢想。

所謂走在屬於自己的路上其實是從現在開始。

我動筆寫作後沒多久，就去見了崇拜的男作家。

對方從五十五歲開始寫作，我去見他時已經七十多歲。辦公室的書架上擺了二百本他的著作，我到現在都還記得當時目睹那些作品時所帶來的衝擊，心想「這世上原來有這麼厲害的人物啊！」對方面帶微笑告訴我：

「我五十五歲辭去工作時，有其他公司來邀我當董事，但是我打從一開始就決定五十歲之後要投身於寫作——如果那時候選擇去當董事，或許會賺錢賺得很輕鬆。但是當我看到書架上這一整排書，便覺得選擇這條路也不壞。」

對方口氣雖然很客氣，卻耀眼得令人難以直視。

我雖然明白自己的目標何在，卻也清楚目前的實力根本無法實現夢想。但是既然這位作家花了二十年能寫出二百本書，我要是花上四十年，也許能達到相同的結果。

原本的不安與自餒都因此煙消雲散，下一秒便開始思考該怎麼做才能寫出二百本書，興奮的踏出下一步。

那位作家在八十多歲時成立出版社，現在年過九十依舊是出版社的老闆，繼續以作家的身分活躍於第一線。

「雄心壯志」、「夢想」、「希望」都無法勉強而來。

沒有當然也能活下去，不是只有工作才是人生的目標。

儘管如此，我還是不希望大家以「我已經老大不小了」、「這把年紀再挑戰也沒意思」為由，放棄那些偶爾湧現的渴望。

畢竟有夢想的生活才更快樂不是嗎？

夢想能成為支撐自己的原動力，至於目的不是用來在「未來」達成，而是打造足以全心投入的「現在」。

明白自己想要變成什麼樣子、想要什麼，就像旅途中暫且決定遙遠的目的地。目的地日後變更也行，但是沒有目的地的話，不過是在路上徬徨，朝別人渴望前進的方向走去，造成目的與實際行動完全相反，或是走上以為只有一種選擇的荊棘之路，因而浪費時間、體力與金錢。

尤其是不安、焦躁與寂寞，容易導致人做出錯誤的決定。

十到二十年能累積出不少成果。所謂的成果不見得是工作，也可能是當志工，對社會有所貢獻或是鑽研興趣。總而言之，胸懷大志努力看看吧！

◯真正的滿足取決於能否全心追逐夢想。

14

把「順勢而為」轉換成機會

——也許明天人生就會出現一百八十度的變化

請教五十歲以上活躍於自己工作領域的人，大部分的人都表示是因為「運氣好」或「順勢而為」。他們很少是因為事前設定目標，依照計畫一步一步來而達到目前的成果，多半是「剛好抓住一個機會，不知不覺就發展成現在的樣子了」。有些人是偶然遇上的人邀請他做這份工作，就一路做下來了；有些人是公司客戶委託他個人，便順其自然創業了；有些人則是因為偶然的機緣而繼承家業，拚命改善公司的經營狀況。

但是另一方面，「順勢而為」也可能帶來負面影響。例如跟主管吵架就負氣離職了；跟隨潮流買了公寓，結果失敗了；繼承一筆遺產趁機創業，結果倒閉了等等。

人生路上發生的事多半是「順勢而為」，而非「符合事前計畫」。順勢而為也可以說是時間到了，於是該發生的事便發生了。而一帆風順的「順勢而為」有時也跟當事人的能力與個性有關，所以才會受到委託或是因此有了好結果。

這種情況可以說是周遭的需求與時機等所有要素符合天時、地利、人和，形成足以發揮能力的「場合」。

若順勢而為卻失敗，通常是缺乏了其中一項要素。

我也不會特意制定未來計畫，因為搞不好明天就會遇上改變人生的巨大轉機。

我曾經在旅行途中遇上出版社老闆，幾年之後出版的處女作恰巧是由那家出版社負責；在餐廳偶然共桌的年長女性因為和我很聊得來，於是把房子租給我等等。由於我本來就活得「順勢而為」，認為「沒有人能預測的人生」比較愉快。要是人生像旅行團一樣，所有目的地與行程都事先決定好，旅遊的目的只在於走完所有景點，這樣的人生不是很無趣嗎？

不特定規劃未來的人生雖然有個模糊的目的地，途中出現有意思的場所，便湊過去瞧一瞧；要是有人來邀請「我帶你走到半路吧！」便搭一程順風車。回過神來時，離目的地已經剩沒多少距離了。凡事無往不利之際，彷彿神明以隱形之手操作一切，進展有如流水行雲。

「把『順勢而為』轉換成機會的人」具備以下三大條件：

一、**鍛鍊自己的專業技能，不會誇大吹噓**。

二、**具有中心思想，有理想目標**。

三、**鮮少執著，靈活思考，行動力強**。

即使是「不太思考未來的人」也有理想的信念。正因為有中心思想，才能配合他人，逐漸變化。

我有個朋友，五十五歲之後，從美國移居鹿兒島。他先前在德州住了三十年左右，學會如何與馬溝通。當他在當地舉辦馬的講座時，發現有許多人遠從日本來參加，他於是決定搬回日本並且繼續舉辦講座。買下兩匹馬，在偶然走訪的山中民防與附近果園的空地，開啟了騎馬的親子講座。

這樣過了一、二年之後，他收到來自日本全國各地的委託與邀約，例如「我願意把騎馬俱樂部免費轉讓給你，希望你能繼承」、「希望你能來訓練我的馬」。

但無論工作條件如何令人豔羨，只要覺得稍微不對勁，他便會拒絕。最後因為工作地點遠離喧囂，而且還看得見海，以及贊助人與他合得來，於是接受了來自沖繩的邀約。他告訴我：「我終於感受到自己做的事情是有價值的了。」

因為所作所為具有價值，才會為人所發現並且寄予期待，形成「順勢而為」與「幸運」的良性循環。

○讓別人帶領你抵達目的地吧！

15

利用「稻草富翁戰術」走天下

——把自己的價值當作成本

轉換跑道或是創業等著手新工作時，有些人選擇從零開始，但是這種做法多半無法成功。

尤其是五、六十歲的人抱持新人的心態，跟年輕人站在相同的起跑點，周遭的人不知道該如何對待，前途恐怕也是多災多難。

前文多次提到，到了這個年紀，應該活用手邊的資源，從事自己做得到的事。

把自己的價值當作成本，創造新的價值，我把這招叫做「稻草富翁戰術」。稻草富翁的故事開頭是把虻綁在稻草上，和正在哄孩子的母親換來了橘子；用橘子與口渴的商人換來了絲綢；用絲綢和其他人換來了馬；最後用馬和想要騎馬出遊的富豪換來房子，成為億萬富翁。

多次轉換跑道還能得心應手的人，便是靈活運用這套「稻草富翁戰術」。

我認識一位五十多歲的男性，原本在食品公司上班。上班期間有客戶委託他當顧問，於是創業，數年之後成立專門負責商品企劃的公司。因此他的交換過程是「食品公司的員工→顧問→經營商品企劃公司」。

另一名六十多歲的女性則是在旅館工作期間，向旅館提議成立旅館畫廊，主管把這項提案交給她負責之後，她在藝術方面的造詣日益提升，引來其他旅館找她當策展人。最後她自己開了畫廊。因此她的交換過程是「旅館員工→策展人→畫廊老闆」。

我自己的情況說是「稻草富翁戰術」有些牽強，基本上我是以原有的技能工作，同時培養其他技能，一路轉換跑道，所以職涯歷程是「和服著裝講師→攝影師→免費提供資訊的雜誌的編輯→接案寫手→作家」。

在從事主要工作的過程中連帶鍛鍊了相關工作的能力，進而在實作的過程發現自己「我應該做得來這件事」，自然容易轉換到下一個跑道。

尤其是，當工作的價值是由他人來決定，因此也得以發現有些自己從沒想過的事情，其實是可以當作工作去發揮的，相對有些傾盡全力做的事反而獲知很難靠以吃飯。

以「**稻草富翁戰術**」走天下可以彙整為以下三項訣竅：

一、**一開始不需要準備太大的「稻草」**。

二、**先在「現在的崗位」**累積經驗。

三、**表現持續超乎對方期待，就算只有百分之一也好**。

儘管剛開始的技能程度很低，或是只能靠偶然的機緣展現，在有需求的市場終能開花結果。在原本的崗位累積經驗，自然會出現需要自己才能的人，記得表現要持續超乎對方的期待——即使只超出百分之一也好。

我心目中值得尊敬的「稻草富翁」是《麵包超人》的作者柳瀨嵩。第二次世界大戰結束後，他進入回收公司工作。撿獲的雜誌讓他回想起自己想成為漫畫家的夢想，於是轉行，進入報社擔任《高知新聞》的記者。辭去記者工作後，身兼漫畫家與三越百貨的視覺設計師。三十四歲時因為當漫畫家的酬勞比正職薪水多而選擇接案生活。不過由於接案收入不穩定，他也兼職節目劇本、作詞與設計布景等工作。

他在《ＰＨＰ》雜誌連載《麵包超人》時已經五十歲，改編為電視卡通時已經六十九歲。我把他說的話當作座右銘：「最後我發現人生最大的喜悅，莫過於為別人帶來歡樂。這真是非常簡單的事，為他人帶來歡樂時最高興。」

我想柳瀨嵩應該是時時都考量著「對方究竟想要什麼」的人。因此不分行業，眾人都認為只要委託他，便一定做得到。他持續回應所有人的期待直到九十四歲過世為止。

○稻草富翁是隨時回應他人需求的人。

16

為自己留一條後路

——後路是避免陷入不幸的心靈保險

一般認為留後路的人不會成功，真心想挑戰就該背水一戰。

我也曾經自斷後路，認為「要是處女作賣不好，就不要從事寫作工作了」。在此之前，我曾經為雜誌寫稿又兼差好幾份打工，過著勉強維生的貧困生活。所以真正下定決心寫作時，我告訴自己不要想「要是到時候書賣不好，靠雜誌投稿跟打工餬口就好」。

由於沒有退路，結果湧現前所未有的強大力量。

「沒有後路」的情況的確能逼出前所未有的潛力，但長期下來卻非常折磨心靈。

我覺得尤其是年過五十之後，「最好為自己留一條後路」。這是因為我們必須對自己的人生負責。

不少人由於沒有留退路，落得悲慘的下場。例如我有個朋友拿房子去抵押創業，開店之後卻遇上新冠疫情，門可羅雀。明明堅持下去對任何人都沒有益處，但他無法當機立斷，迅速關門止血，結果導致背負了大筆的債務。

另一位退休後重新就業的朋友則是苦於職場的人際關係，精神受到極大壓迫。我鼓勵對方「要是真的撐不下去，辭職就好了」。（我也曾經在血汗企業工作過，多虧當時抱持「要是真的撐不下去，明天就辭了吧！」的心態才能保持心靈不受傷害。）

然而朋友卻堅持「這是朋友介紹的工作，我絕對不能輕易辭職」、「要是辭了就沒地方會僱用我了」。結果半年之後，他因為精神狀況糟到必須定期去看身心科，只得離開職場。

為了家庭而自斷退路、一路衝刺過來的人，容易視辭職為「羞恥」，或是產生「罪惡感」，所以他們無法把辭職列入選項，認為「都到這個地步了不能辭職」、「辭了就找不到其他工作了」。

然而要是真的認為「要對自己的人生」負責，應當準備好「退路」因應各種情況，以免落入不幸。尤其是至今為了家庭與社會一路奮鬥的人，人生後半段沒有必要強逼自己繼續待在痛苦的職場。

「留退路」是為了避免遭遇最壞的情況。

退路就像給心靈的保險，知道自己「至少還有這條路可走」，才有勇氣克服困難，下定決心挑戰。

至於想要創業或當接案工作者，我建議剛開始最好儘量壓低需要挹注的資金。倘若一定得付出大量成本，則必須事前設定停損點，例如每個月的收入低於一定金額便放手，或是努力一年還看不到成果便放棄等等。有了停損點，才能放手得正向；事前制定了失敗對策，才能專心致力於經營管理。

五、六十歲轉換跑道，難以預測之後的發展，建議挑戰時間以一年為單位。若是知道自己辭了也還有別條路可走，便能輕鬆踏出挑戰的腳步。

許多人認為自己「做不來其他事」，但是其實每個人都有意想不到的潛力。要是真的沒有別的技能，可以去急需人手的業界應徵計時人員，或是一邊領失業保險、一邊上職業訓練，做為進入另一個階段的應急手段。

與其說是找退路，我很喜歡想像要是選擇了其他工作，現在會過著什麼樣的人生。我當過攝影師，去鄉下過以物易物的生活，以及在台灣當日本文化講師，現在要我再做一次應該不成問題。另外，我雖然缺乏經營民宿、熟女陪酒或是算命師的經驗，不過也很想試試這些需要溝通能力的工作。只要有得吃、有地方睡，總是能活下去吧！

然而我想歸想，還沒當作實際的退路過——畢竟這些都是我面對危險時的「保險」，不能輕易拿出來。

○想到「有很多條退路」，自然能以輕鬆的心態挑戰。

17

思考自己的「下一步」與「退休時刻」

——不要過於執著地位等社會認同

到了四、五十歲，相信不少人開始思考自己該什麼時候「離開」現在的工作崗位。

歌手或演員在人氣巔峰時退休固然可惜，帥氣轉換跑道的姿態令人感到不戀棧的瀟灑之美。另外也有六十歲的搞笑藝人宣布「只要還有一個人會因為我而笑，我就會繼續下去」，堅持到人生最後一刻，這又是另外一種人生美學。

藝人因為本身就是商品，不得不在意自己的「商品價值」——到底還有沒有人需要我？

現在有些藝人，選擇走自己的路，不會只執著眼前的演藝活動，而是適度休息或是轉換身分出國留學、寫書，或者擔任年輕藝人的製作人等，朝全方位活動去發展。

上班族因為有退休年齡的規定，退休時刻會自動來臨。但是有些人在退休前找到其他想做的事而辭職，也有些人等到退休後選擇其他想做的工作，又有些人是只要公司需要他就想一直工作下去。選擇何種做法是個人自由，沒有正確答案。但是即使人在公司，也要留意自己的「商品價值」，也就是對周遭的影響。

人到了四、五十歲，一直在同一間公司做相同的工作，自然會感覺停滯不前，所以有些人會萌生不安，「我一直待在這裡真的好嗎？」、「我是不是造成公司負擔？」，加上部分公司設定管理層級的退休年限為五十五歲，代表年過五十可能無法繼續擔任主管。另一方面，一般員工的退休年限延長，形成部分員工離開主管職位後，又繼續工作了十年甚至二十年的結構性問題。

因此我們必須預先思考工作的下一步或是退休的時刻。

我有個朋友，她當過家配師協會的會長。她的案件領域從大型建設公司蓋的樣品屋，橫跨到醫院與個人住宅，業者都非常信賴他。

然而在眾人認定她會更加活躍的五十五歲之際，她卻放棄了包含委託她個人的所有家配師的工作，正式經營起因為三一一大地震震後重建而開始的回收衣物慈善商店。她告訴我：「我們這個年紀的人不退休，年輕的家配師永遠接不到工作。這年頭買家具跟公寓的多半是年輕人，應該把工作交替給年輕的世代。」實際上到其他縣市工作的三十多歲家配師也告訴她：「現在我所在的縣市，幾乎都是五十歲以上的人獨占市場。」

朋友表示：「公司裡不會有只有自己才能勝任的工作，但是離開了公司，自然就會發現只有自己才做得到的工作。」

人生需要的不僅是關注自己，還必須具備俯瞰整體社會的眼光。

到了四、五十歲，過去的成績、人脈與地位等累積起來的資歷，無庸置疑對目前的工作有利。然而過度執著於眼前的工作，會忽略自己已經開始落伍了——政界與商界充斥著這型人。

男性最好儘早思考該如何「以個人的身分貢獻社會」。五十歲以上的女性以個人身分活躍於社會之所以醒目，除了靈活應對的能力，另一個原因恐怕是：當結婚、育兒或是出於其他理由而不得不離開組織時，被迫思考「我一個人究竟能做什麼？」

年過五十依舊活躍的人在還是公司的一份子時，便已經開始思考「如何以個人身分貢獻社會」。他們能為社會「站出來」，也能為社會「退一步」，所以公司內外都有人需要他們，無論自行創業或是接案，都能一帆風順。

一位老闆告訴我：「我的工作是提供別人發揮的舞台。」所以他公司的員工才會持續成長。無論立場如何，最強大的都是知道自己該扮演什麼角色的人。自己的角色自己扮演的時代逐漸來臨了。

○過於執著以往，反而會失去未來。

18

拿回自己的主導權，培養「自主性」吧！

——培養自行思考的能力

日本有些大企業開始推動新制度——把部分正規員工的僱用契約轉換為業務委外契約，也就是讓正規員工成為自營業者。這項做法毀譽參半，不過我認為這項制度能有效促進大家來思考何謂「在工作時發揮自主性（自行思考行動）」。

身為公司的一份子，無論主管如何呼籲大家要「在工作時發揮自主性」，一介員工無法改變公司規定，再怎麼有心發揮也有其極限。

畢竟組織最重要的是「協調性」，要是所有員工都充滿主見，老是提出抨擊指責的意見，公司就經營不下去了。但是培養出察言觀色和使命必達的「協調性」之後，容易讓主動懷疑與自行思考做法的「自主性」衰退——甚至連衰退這件事都沒察覺。

年過五十之後，必須憑藉自行思考的能力來開拓人生。具備自行思考能力的人會主動思索下一個階段該做什麼與如何實現，並採取行動。至於缺乏這項能力的人則是多多少少有些被動，期待世上有好工作從天下掉下來，或是在意他人眼光，努力付出卻陷入死胡同。

到了四、五十歲，想要恢復「自主性」的欲望也會越來越強烈。

我認為想要展示個性，渴望自由發揮時，即使人在公司也要想辦法自行打造「舞台」。

「**在公司內練習自主性的方法**」如下所示：

一、**在公司裡嘗試沒人做過的事**

到了四、五十歲，在公司享有一席之地，裁量的自由也隨之擴大。

著眼於「公司裡沒人做的事」，比較可能實現自主性，獲得自由發揮的機會。

我有個朋友是銀行員，公司派他去青果批發市場工作。他本來就對飲食很有興趣，甚至考上「品蔬師」的證照。他因此樂在從未接觸的嶄新工作，拜訪日本各地的蔬菜農家，介紹這些農家與知名餐廳合作。

他雖然說：「公司付錢讓我做想做的事情，沒有比這個更棒的工作了。」然而他的所作所為也為公司帶來了利益，所以才能在組織中發揮自主性。

所以想要在工作上發揮自主性的人，不妨從公司的困境（弱點）、公司今後所需的業務（未來），來尋找「自己想做或是做得來的事」。

二、在公司以外的地方嘗試在公司裡做的工作

具備自主性的人會在身為公司一份子的同時，嘗試看看自己擁有的技能與知識在公司以外的地方是否通用。嘗試是否通用這件事本身就有意

義，也因為實地執行過公司以外的工作，而不得不思考該如何提升自己的價值，以及如何行動才能獲得他人委託。

三、放棄在公司內培養自主性，放眼其他機會

倘若發現在公司裡沒有機會發揮自主性，不妨利用私人生活時間或副業來嘗試所謂的「貢獻社會活動」，例如擔任志工指導小朋友，或是在居住的地區舉辦慈善活動等等。

我有個朋友把上班（賺錢）當作扶養家人的「手段」，每個月另外去夜店當DJ二、三次。因為有拿回主導權的地方，讓他撐過一點也不喜歡的上班族工作，還能輕鬆規劃退休生活。

眼光放遠，自然能「加強」自主性，察覺自己想做的事，以及學會如何自行解決問題等等。

在組織中過度強調自主性，有時會與協調性產生衝突。有些人或許覺

得「什麼都不想」比較輕鬆。但是我認為，為了如何發揮自主性而煩惱，而去發現或尋獲希望這件事本身便具備意義。

○培養自主性是靠發揮自主性的「立場」與「角色」來鍛鍊。

19

把「為了生活而做不想做的工作」轉換為「為了生活而做想做的事」

——收入會隨著成長而增加

專欄作家麥爾坎・葛拉威爾（Malcolm Gladwell）在著作《異數：超凡與平凡的界線在哪裡？》（*Outliers: The Story of Success*）提到「一萬小時的法則」，掀起熱潮。所謂「一萬小時的法則」意指：即使是門外漢，只要願意花費一萬小時學習與練習，便能成為專家。

以一天練習八小時計算，耗費四年九個月便能累積一萬小時。

我個人的經驗也是，努力五年，大概能成為專家。反之，在不受公司束縛，自由行動的狀態之下，要是對所做的事情沒興趣，基本上撐不了五年。

以我自己為例，我長年以來從事寫作與攝影工作；其他教學、業務與行政的相關工作都做不到五年便因為不適合而辭職了。

換句話說，能自行持續五年以上的工作代表適合自己的個性，自然沉浸於其中，願意反覆嘗試，尋找正確做法，進而成長，同時符合市場需求，做起來又有意義。

因為能自然而然做下去，逐漸提升工作能力，附加價值的報酬也隨之而來。

我個人對於「一萬小時的法則」的看法如下：

- 除非是有興趣的事，否則持續不了一萬個小時。
- 即使是自認「想做的事」，不實際做做看不知道能持續多久。
- 能夠花上一萬小時全力投入的事，任誰都能成為一定程度的專家。

- 單憑學習無法熟練技能，還需要自行反覆練習。
- 要是有想做的事，要多方嘗試如何轉換為工作。

換句話說，要是能做上一萬小時，便有機會成為該領域的專家，靠這行謀生。

賺錢只能以「量」取勝或是以「質」取勝，然而想要鍛鍊出一定的品質便得大量練習。

所以關鍵是「選擇」。

例如上班族轉換跑道去開甜點店，創造人氣商品，賺得盆滿缽盈。然而開發人氣商品的過程中試做了數十種甜點，近乎廢寢忘食。

我自己雖然從事完全不同的工作，當年也是平日上班，週末兼差當攝影師。要是攝影工作很無趣，我應該不會想犧牲寶貴的假日。

全心投入、多方嘗試的過程中，我發現市場需求，收入也自然隨之而來。因此我確定真心想要賺錢的話，最好選擇是做上一萬個小時也不覺得辛苦的事。

想賺錢就要做真心想做的事。

「可以做上一萬個小時的工作」不僅能帶來穩定的生計，還能獲得平靜的心靈。與其忍受無法掌控的工作來賺錢，不如把時間與精力集中在可以掌握的事情上，心靈也會更加充實。

追逐希望的過程，無論是哪一個階段都充滿喜樂。

五十歲之後還能全心投入夢想的人，想必燦爛炫目，渾身散發魅力。

○完成高品質的工作，必須先大量練習。

20

交朋友重視在一起「開心」與否而非「得失」

——年過五十後需要重視的人際關係

我在不知不覺中，學會以「在一起開心與否」來做為人際關係的判斷基準。

這項標準不僅適用於私人生活，還延伸到工作領域，例如和這個人工作很開心、共事時充滿期待、在一起很舒服、共事後笑容變多了等等，而不是「這個人能力很好」或是「跟這個人在一起會賺大錢」。

或許會有人覺得不應該把個人好惡帶入工作領域。然而想要提升工作品質，必須打造舒適的工作環境，避免和造成壓力的人一起工作。

「和這個人工作很開心」代表彼此個性相合，價值觀與目標接近，無須多加說明也能了解對方。由於目標相同，意見相左時也能快速克服，不需要浪費時間溝通。至於另一類「談完之後還是覺得心裡有疙瘩」、「話不投機」的對象，為了彌補雙方的差異，往往需要耗費大量時間與精力來溝通。

工作上的壓力多半來自人際關係，許多人因此受挫。以「開心與否」做為共事標準，其實比想像得更有道理。

不喜歡出席聚會的人也不需要擺出假笑，認為非得跟對方「打好關係」不可，而是保持適當的距離，抱持「反正只有工作時才會接觸」、「保持基本禮貌即可」的心態，比較不會累積壓力。

五十歲之後是否能開花結果，人際關係也是主因之一。

接觸不受年齡束縛、果敢挑戰，以及充滿好奇心、喜歡研究的朋友，自然會受到感化。然而如果往來的對象都認為自己年紀大了，心態趨於保守，或者老是抱怨同一件事、討論相同的話題，即便有成長的欲望也會委靡消失。

人到了四、五十歲，人生目標自然出現差異。目標愈是明確，交友圈自然會發生變化，需要鼓起勇氣不再勉強自己和許多人往來，擺脫過去人際關係的包袱。

真正重要的人是能自然而然聊起天來，主動想為對方做些什麼，無須勉強也能細水長流。

除了「在一起很愉快」之外，「**五十歲之後應當重視的人際關係**」還包括以下條件：

一、**重視「自己主動給予的關係」**

不僅是單方面「接受」，而是自己也主動給予，方能產生屬於自己的角色，建立信賴關係。例如私下幫同事忙或是聆聽對方的煩惱，即使日後離開公司也能維繫交情。不用把給予想得太難，「提供對方需要的資訊」、「施以小惠」或是「介紹對方想認識的人」等自己做得到的事情即可。如此一來，自己有需要時也能輕鬆拜託對方。

二、重視「不同類型的朋友」

在一起愉快不等於在一起「輕鬆」。只跟價值觀相同或是差不多類型的人往來，久而久之會失去客觀審視與靈活應對的能力，陷入同溫層當中。和年齡、專長、經驗或是文化不同的人往來交談，能帶來許多刺激，儘管大家個性迥異，還是能基於「感興趣」、「尊敬」、「有共通點」等因素往來。

三、重視「人生導師」

人生導師包括可以商量，給予建議，關懷自己或是擅自認定是模範的對象。前輩的觀念、行動與心態是良好的典範，同時帶來力量好讓我們繼續堅持自己選擇的道路。當迷惘或是走上岔路時，人生導師也會提醒我們。不需要特別拜託對方當人生導師，而是藉由表達感激之情，例如「有你在真是幫了大忙」、「多虧你幫忙，我才有今天」，讓對方自然關懷我們。

是否珍惜真正重要的人會左右五十歲之後的成長幅度與幸福程度。

○人際關係不需要用力打造，而是重視不需要刻意也能持續交往的關係。

21

鼓起勇氣放掉「討厭的事」與「不擅長的事」

——不再受到「應該」的既有概念擺布

人生掌握在自己手裡——這句話聽起來理所當然，許多人卻因為受到公司規範與他人目光左右，無法依照自己的心意過活。

其實真正束縛自己的或許不是外界，而是長年以來認定自己「應當如何」的牢固枷鎖。

五十歲之後想要活得輕鬆自在，不僅需要重視「想做的事」和「擅長的事」，更重要的是放下「討厭的事」與「不擅長的事」。

我們經常不自覺陷入「討厭的事」與「不擅長的事」。例如不必要的加班，勉強自己做好不擅長的事；維持討厭的人際關係；考取不會帶來成果的證照和工作技能等等。這些事情往往只是因為付出心血，造成安心的錯覺。

愈是認真的人，愈容易受到「工作就得賣命」、「上班就該當拚命三郎」等既有概念束縛，導致明明不喜歡現狀卻誤以為這才是理所當然。

五十歲之後就拋下這些「束縛」吧！

這種日子過久了，即便發現想做的事還是會把討厭的工作排在第一順位，以為自己沒有時間，要等有空時再說——最後還是做不了喜歡的事。

持續做「討厭的事」與「不擅長的事」對精神與人生計畫所造成的傷害不計其數，然而人但凡透過這些事情獲得一絲一毫好處，便無法放手。

明明改成做「想做的事」和「擅長的事」，可以獲得十倍的好處呢。

我有一陣子也以為「正因為是工作，討厭的事情也要吞下去」。但是現在我認為工作是最有趣也最值得全力投入的「遊戲」，所以決定要用

「想做的事」填滿人生，放棄所有「討厭的事」。譬如我不太擅長雜務，但是這些雜務是完成「想做的事」的一環，所以我會想辦法讓這些雜務變得像打電動一樣有趣。

嘗試過各種工作之後，我深深體會到，持續做「討厭的事」與「不擅長的事」不過是讓自己「落得悲慘的地步」。

因為做不出成績，無法獲得肯定又賺不了錢。明明拚死拚活卻無法自豪，甚至連自己都不滿意。

想要擺脫「落得悲慘的地步」，我絞盡腦汁想出來的策略是把時間投入到我「想做的」、「擅長的」而且「有人需要我做」的事。也因為「誠實面對自己」，不需要拚死拚活也能交出成果，心靈也自然變得充實。

無法放棄「討厭的事」與「不擅長的事」往往是因為在意薪水高、名氣大、有面子等「外界」評價，逃避面對自己的情感與心聲等「內心」。

無法擺脫在意外界的習慣，不可能知道自己「究竟想做什麼」。「我真的想做這份工作嗎？」、「我現在學這件事真的學得很快樂嗎？」、「我真的喜歡和這個人來往嗎？」聆聽你內心對目前所做所為的真正想法吧！

服從內心的聲音，自然會鎖定要做什麼，和內心對話的時間也隨之增加。

放手才能留給心靈更多空間，想做的事因而萌芽。想做的事不須限於工作，也可以是旅行、志工、留學或是學習彈奏樂器等等。

想到了就馬上排入行程表吧！要是一開始在甕裡放了大石頭，就沒有空間放其他東西了。時間也是一樣，等到有空再做的結果是永遠沒空。所以找到你的「大石頭」，就要第一個放進去。

○放下不想做的事，才發現得了想做的事。

22

掌握「收支情況」就能制定未來計畫

——思考該如何賺錢

五十歲之後想活出自我，掌握如何賺錢與用錢等「收支情況」十分重要。

無法制定人生計畫時，人會陷入不安，根本無心思考如何活出自己。媒體曾經報導「假設高齡夫妻退休後還要過上三十年，一共需要日幣二千萬元」，引發眾人議論紛紛。想要存到日幣二千萬元（譯註：相當於台幣六百萬）並非易事。就算每個月存五萬，也得花上三十三年；也有些人會把退休金拿去還剩餘的房貸。

比起光靠存錢準備二千萬，持續工作更能保持家計穩定。

我建議六十歲之後每個月至少還是要賺日幣十萬元。每個月以工作二十天計，一天五千日幣便能達成目標。二十年的總和便是二千四百萬。

從現在開始思考「如何一天賺到五千元」，自然會主動找尋達成的辦法。即使是自認「什麼也做不來」的人，從現在開始花上五到十年的時間也能培養出賺錢的能力。

工作的方式形形色色，譬如退休後與原本的公司重新簽約，再次成為雇員；轉換跑道、自行創業；應徵計時人員等等。無論選擇何種方式，確定自己人生下一個階段能以其中一種方式繼續勞動，便能安心面對眼前的工作。

確定「每個月至少要賺多少錢」便能摸索出屬於自己的賺錢方式，例如「確保每個月要有固定的工作」、「和原本的公司談好業務委外」、「和別人合作，承包部分服務」、「正職賺不夠的額度靠副業」等等。

我認為報酬是來自達成對方的「期待」。為什麼男性願意為了高級俱樂部花大錢，為什麼女性願意上美容美體沙龍「投資自己」，全都是因為某人對於某事有所「期待」。

由於持續期待，所以繼續付錢。要是發現無法獲得符合期待的結果，立刻就關起荷包了。

希望工作能源源不絕，唯一的做法是讓每次的工作成果至少超過對方期待的百分之一。如此一來，對方便會更加期待，認為我們做得到更多事，委託更多的工作，支付更高的酬勞。持續數年之後，即使有一項工作成果沒超越對方的期待，也會因為已經建立起信賴關係而繼續寄予期待。

年齡增長依舊有人委託工作的人是因為清楚屬於自己的策略，也就是對方「對我有何期待？」、「我該如何因應對方的期待？」

了解「對方是為了何種期待而付錢」，選擇工作時便不會自相矛盾，能夠以客觀的眼光發現屬於自己的道路。

另一方面，比起「如何賺錢」，更重要的是「如何花錢」。

過去有位八十多歲的女性把房子免費借給我住，因為她想鼓勵我從事寫作工作——這就是她對我的「期待」。她沒有家人，腳也不方便，唯一的收入是國民年金。過去她是位國小老師，當年教過的學生會輪流來她家幫忙修剪院子裡的植物與協助採買等生活所需。

過著簡樸生活的她，生活費幾乎只有食費，平常不怎麼花錢。

但是每年興致一來，她總會突如其來出門幾趟，例如「我想看猴麵包樹，所以要去一趟馬達加斯加島（Madagascar）」、「我想聽歌劇，所以去搭地中海郵輪」，以前教過的學生說她還會捐錢給當地的寺廟和小學。

因為她花錢實在很大方，我問過她是否在玩股票。「我是碰了股票沒錯，但是沒怎麼賺錢。錢這種東西就跟水槽裡的水一樣，平常得把水龍頭關緊，要用的時候打開就有得用了」。

這是她的金錢觀。即便像我這樣從事收入不穩定的工作，也發現只要事前決定好每個月的生活費，便不會經常感到不安。這位女性長輩讓我了解到人際關係也可以解決部分金錢問題。

具體考量實際的收支，自然不會再莫名惶惶不安，打從心底鼓起勇氣——這或許就是學會對自己的人生抱持「期待」。

◯金錢是「期待」的象徵。年紀愈大，愈該考慮如何提升他人對自己的期待。

23

人脈是資產

——重視目前擁有的交友圈

這世上幾乎沒有可以單獨完成的工作。作家這種工作貌似獨立作業，其實需要編輯、設計師、業務與書店店員等人通力合作，才能順利推出與銷售作品，作家在這一連串的工作當中扮演了「自己的角色」。

和共事的人合得來，結果產生化學反應，引導出連自己都不知道的能力，創造卓越傑出的結果。之所以獲得工作則是因為有人對自己有所期待，給予良好評價，然後再次委託。如此循環也形成了工作的幹勁。

一位六十多歲的女性退休之後，公司延攬她當董事續留。她表示「我的工作有九成是靠人脈」，大型專案之所以成功也是因為大家合作產生化學反應吧！

五十歲之後，「人際關係」與工作技能同等重要。對於年輕人而言，長者不容易共事、不方便使喚，倘若工作能力相當，當然是採用不需在意長幼有序又容易吩咐的同齡人。

有個朋友在公司當到部長後退休。他過去業績優秀，獲得好評，退休後和公司重新簽約，繼續受僱，卻慘遭過去的部下霸凌，工作約三個月便被迫辭職。還是正職員工時，或許他並未和下屬建立起良好關係。

能否發揮能力受到人際關係左右。五十歲之後還能幸福工作的人，身邊環繞的都是彼此信賴的夥伴。

但是不需要覺得人脈重要就硬去建立人脈。

人脈是自然形成的產物，而非刻意經營的結果。有些人會特意參加交流聚會或是派對，四處分發名片好建立新人脈，然而這種做法很難帶來工作。

五十歲之後，建立新的人際關係之前，應當先珍惜目前的交友圈。這個年代能靠社群軟體認識許多人，與其隨便拓展人脈，不如建立優質的人際關係。

特別是共事過的人與長期合作的客戶等長年以來相處的對象，對自己有一定的了解，也有一定的感情。

五十歲之後換工作順利的例子通常不是透過職業介紹所或是徵人雜誌，而是有人介紹或是邀請。

我有些單獨的工作是對方透過網路委託，或是陌生人以電子郵件、社群媒體來聯絡的，有時也會和不同世代的人交流，請對方協助工作。

然而泛泛之交不會提供建議，遇上困難時不會幫忙，也不會介紹人。唯有交情深厚的朋友才願意說實話，即使意見相左也能因為過去建立的信賴關係而繼續維持友誼。這種時候反而會感謝對方願意對自己說實話。

過去是由公司主管或同事扮演「教學」、「建議」、「賦予任務」與「評價」等角色，年過五十之後必須自己找到這些人。

這種有一定交情的關係是在工作與日常生活中逐步建立起來。所以最好趁還能運用公司人脈時，為人生下一個階段做準備。

珍惜每一次相遇，重視每一個工作。不需要自己積極追求工作，只要能讓每一個來委託的人都感受到百分之一百二十的喜悅，工作與緣分自然會長長久久。

與其刻意擴大人脈，不如徹底分析與執行自己的角色，做好該做的事更容易培養人緣。

○藉由自己所扮演的角色與貢獻，建立和他人的緣分。

24

不知道怎麼為人生播種嗎？

——「嘗試」是一種自我投資

一位在高科技產業工作的四十多歲男性感嘆：「二、三十歲時學會的技巧，別說到五十歲了，四十歲時就覺得不夠用了。」無論是時代還是技術，他都跟不上年輕人的對話內容，愈是硬撐愈是辛苦。

過去的時代是十多歲時集中於學習，二十多歲時播種探索自己，三、四十歲時埋首培育，五十歲時收穫……然而時代變化迅速，工作年限也逐漸延長。我們必須學會為下一個階段持續播種。

儘管如此，應該很多人不清楚該播什麼種與如何播種。

我有位朋友的丈夫，號稱需要為換工作「拓展人脈」，所以去參加各式跨業界的交流會等聚餐；號稱要「打造更好的自己」，所以去男性美容美體沙龍，又買了新西裝；號稱要「重新學習」，所以去上考取證照的課程和投資不動產的講座等等……儘管他為了投資自我投注大量心力與財力，卻沒有任何具體成果，只是影響家計。

一股腦地自我投資，不過是為了消除內心的不安。

五十歲之後的工作，關鍵在於選擇自己熟悉的領域努力，而非隨意轉換跑道，並從現有的強項與社會需求來思考自己「能夠貢獻什麼？」

另一方面，抱持玩心，嘗試自己有興趣的事也十分重要。把挑戰當作遊戲，如此一來，無論失敗或遭遇挫折都不會覺得自己有所損失。

經營郵購公司的朋友因為興趣使然，從十年前開始練氣功。結果就此迷上氣功，一路學到擔任講師。他說：「五年之後想把公司交給別人，開設自己的教室。」於是從數年前開始，學習藥膳，決定教室要以「氣功與藥膳」為主。他本來就很有商業頭腦，相信應該會有好結果。

想要探索適合自己的工作，與其一開始就把接觸的事物當作工作看待，不如抱持輕鬆的心態來嘗試，更容易成功。

我在即將四十歲之際前往東京，決定「今後要遊戲人間」。要是有想去的地方就去，有想見的人就去見，去看看從未目睹的事物，去嘗試從未體驗的事物，去想去的地方生活。

工作則是可以全心投入的遊戲。因為了解自己擅長什麼，所以明白哪些「遊戲」玩得起。當我以接案寫手的身分前往東京時，抱持的心態也是「試試自己十年能走多遠」。

既然是遊戲，太簡單就沒意思了。不但要能投入，還要對他人有所貢獻，否則做起來也沒意義。

我明明完全不會中文，卻在四十五歲到台灣讀研究所——這也是一種

「遊戲」。當時我想離開日本，尋找「為什麼在日本這個國家活得不快樂」的答案。重返學校讀書實在很有意思，我不僅念了主修的社會學，還重新學習國防、宗教與經濟等學問，過去只是點的知識，因而連結成面，感覺自己逐漸發現全貌。

無論是「工作」、「遊戲」，還是「學習」，全都是「嘗試有興趣的事物」的循環，就連「嘗試」本身都是自我投資。人類根據累積的經驗思考、行動，以及結識他人，蓄積愈多經驗與資訊，而且是不同於他人的經驗與資訊，愈能對社會有所貢獻。

不可思議的是比起認真過日子的二十、三十多歲，反而是遊戲人間的四十歲開始覺得自己跟這個社會比較合得來。

◯無論是工作、遊戲、學習，「做帶來快樂的事」都是自我投資。

CHAPTER 3

成爲別人會開口說「想拜託你」的人

25

幾乎多數工作的報酬都是下一次的工作

——成為別人會開口說「想拜託你」的人

過了五十歲想要工作得「不執著、不勉強、悠然自得」，必須成為別人想要委託工作的對象。

第三章除了介紹「如何發現自己做得到的事與培養的方法」之外，也會一併說明如何成為他人需要的對象——甚至應該說後者的順序更優於前者。

人往往不了解自己的才能何在。即使是自認沒什麼了不起的事，只要有人來誇獎或是拜託，便能獲得回應對方期待的「機會」。

如此一來，自然獲得反覆嘗試、學習，以及如何把自己的能力轉換為貢獻與滿足他人的「機會」，進而透過這些機會持續成長。

反而言之，害怕自己原地踏步而考取證照或是學習新技能等一個勁地吸收新知，卻沒有實踐的機會也無法成長。

「工作到何時」與「如何工作」見仁見智，不過七、八十歲還站在第一線的人往往外表年輕，和這種人聊起天來也非常愉快，充滿「真想跟這個人繼續聊下去」的魅力。

我感覺這些人日常生活充滿接觸他人的機會，經常思考如何配合，以及讓對方高興。

工作不僅是培養工作所需的技能，還能自動獲得成長的機會，例如從年輕人身上學到新知、透過對話磨練溝通能力、接受各類現實情況培養寬大的心胸等等。

在無人需要的情況下，單憑自己的努力要完成相同表現與成長幅度需要無以倫比的熱情與強大的毅力。

這是因為人類這種生物不見得能為了自己努力，反倒是想到有人會為了自己付出而喜悅，更能努力奮鬥。

認為自己在支持他人的同時，其實也是在支持自己。

無論是要活出生命意義，建立經濟寬裕的生活還是保持健康的心靈，最保險踏實的方法都是扮演他人需要的角色。

「成為他人需要的人」自然能活力充沛，持續成長。

上班族無須在意他人是否需要自己，都會接到公司指派工作。希望長期維持「他人需要自己」的狀態，簡而言之是成為別人會持續拜託的對象。所有工作的報酬幾乎都可說是「下一次的工作」。

要是對方認為委託一次就夠了，不會再有往來。工作成果必須超乎對方期待，讓對方覺得「委託你真是太好了」、「還想委託你」，即使一次的報酬不多，長期下來也能積沙成塔。

實際體驗過沒人委託自己的情況便能了解必須發掘讓別人願意委託自己的方法，而不再是盲目從眾。

了解自己擅長與不擅長什麼，自然會變得謙虛，思考如何促進自己成長。

第三章要和大家分享「如何成為他人需要的對象」。

○持續成長的人會自行建立他人需要自己的狀態。

26

自己的優缺點是由其他人發現

——有時過於理所當然，自己不會發現

人生的後半段想要找到適合自己的工作，關鍵在於了解自己。如同第二十四節所言，想要嘗試點什麼也得先了解自己的優缺點，否則只是浪費時間與精力。

倘若過去的工作情況總是無人讚美、缺乏自信或是無法成長，那麼，可能從事的是自己不擅長的事。

五十歲之後沒空搞「只要努力就會成功」、「克服缺點才算是成功」那一套，而是應該徹底活用自己的優點，避免受到缺點束縛。

尋找強項的最佳做法不是自行探索，而是詢問身邊的人。

大家應該都曾經因為自己的所作所為而獲得親朋好友與同事等相處夠

久的人的稱讚或謝意，或是看到對方因而感到喜悅。

所謂的強項不需要拘泥於工作。不妨全部寫在紙上看看，無論是「大家說跟我聊天就能放鬆」、「很會安排事物順序」、「建議很一針見血」這些，還是「很會做菜」等等，都能算是優點。

要是想不出來，也可以問問周遭的人：「你覺得我很拿手什麼事情？」、「你覺得我什麼事做得最好？」

以我為例，就算別人不問我，我也會主動誇獎對方「你真貼心」、「用字遣詞好精準」。通常對方都會露出不知所以的表情，覺得自己不過是照常做事，不值得一提。由於當事人實在已經做到跟呼吸、吃飯一樣自然，無需刻意用心，所以根本沒發現原來那就是自己的最大「武器」。

要是能夠在工作時發揮這些優點，自然能夠輕鬆愜意地滿足他人需求。畢竟要靠自己不擅長的事獲得他人讚美，實在難如登天。

我認為工作上的「優點」與「缺點」取決於他人的評價。

無論是上班族、接案工作者還是計時人員，都必須留意「別人會怎麼評價我現在做的事？」如此一來自然會發現他人對自己的要求，以及其實不在意什麼部分。

到了四、五十歲，別人評價自己的範圍越來越窄，反而活得更輕鬆。只要好好磨練做得好的部分，周遭的人不會嚴格看待其他不擅長的事。

我自己也體會到「多方面嘗試之後，獲得好評的事會越做越順，堅持下去之後不知不覺成為自己的強項」。做到會讓他人高興或是覺得有趣的事，大家自然會期待下一次表現，獲得持續實踐鍛鍊的機會。

當然我也有很多部分不曾獲得稱讚。即使自己覺得很擅長，沒人期待自然不會加以鍛鍊。

許多人把時間與力氣耗在改善「缺點」到平均程度，而非進一步鍛鍊「優點」。凡是人都討厭自己有缺點。但是別人留意到的往往是「優點」，而非當事人格外在意的「缺點」，他人的評價與自我評價往往大相逕庭。

既然已經到了一定年紀，不妨大方坦承自己的好惡與優缺點。做不來的事不如直接放手，交給他人，專心致志在自己的角色上。他人在工作上對自己的要求、肯定與讚美等評價都會在離開公司之後，成為心靈支柱。

倘若你工作得很疲倦甚至心靈受傷，或許是因為你沒找到別人渴望你所扮演的角色。

◯真正的強項是已經做到跟吃飯喝水一樣自然的事。

27

無法「客觀審視」自己的成年人不會有任何長進

——了解自己「做得到與做不到的事」

年過五十，不可或缺的是「建立不靠硬拚便能提出成果的機制」，畢竟到了這個年紀，無法單憑毅力與體力工作。

想要做到這點，必須學會「客觀審視」自己。實現想做的事或是理想的形象等主觀的願望，都必須具備客觀審視的能力方能了解自己究竟是什麼樣的人、具備何種技能，該做什麼又該怎麼做才能有所成。

五十歲之後的人生端看能否客觀審視自己。

實際上無法客觀審視自己的人，聊起天來話不投機半句多，穿著打扮不會考慮是否合宜；工作時也不了解自己的「商品價值」，無法發揮自己的優點，弄錯應當付出心力的方向。

由於容不下他人的意見，不肯承認失敗與過錯，結果只是徒長年紀，虛擲光陰。現代社會所謂「禍害社會的老人」，也是這群無法客觀審視自己的人吧！

愈是認定「我自己的事我最了解」愈是危險。

能夠客觀審視自己的人會坦承盲點。體認自己在工作上「什麼做得來與做不來」、「做得來又是做到什麼程度」、「如果要做這件事該怎麼做？」自然發現屬於自己的角色，發揮實力，以及把不擅長的任務委託他人或是讓賢。客觀審視的人具備柔軟身段。

能夠客觀審視自己的人代表能接受原本的自己，心態謙虛而不自卑自大。由於了解自己真正的目標，所以能夠靈活鍛鍊自己的優點。

我有個日籍朋友住在台灣，以自製與銷售手工飾品維生。他上台灣當地的金工學校後，嘗試寄賣、郵購與市集擺攤等方式販賣，然而收入總是不見起色。

包括我在內的朋友建議他：「既然要在台灣生活，就去念研究所，當日語老師吧！」他於是聽從大家的建議，在四十多歲時轉換跑道。由於他本來就會說中文與台語，還沒畢業便進入多所大學任教，畢業後立刻成為正式講師。

有好幾所學校希望聘僱他當專任講師，他卻因為想要保有「自己的空間」而堅持當兼任講師——這種行為實在非常符合他的個性。日後他參加朋友舉辦的活動時，提供了日式點心竟大獲好評，於是他又去上日本的函授課程，正式學習如何製作和菓子；加上他本來就有品味，漂亮的和菓子深受台灣人喜愛。

他因而累積起實力，後來趁大學暑假時去巴黎開店，佳評如潮……

我深深覺得他實在非常了解如何發揮能力與享受人生。

他總是身著奇裝異服，卻不會讓人感到不快，反而覺得他很有品味；無須強行推銷自己也能帶來感動或是喜悅，因此獲得眾人肯定。從衣著便看得出來他掌握了「怎麼做才能獲得他人接納」。

「**五十歲之後能夠客觀審視自己且開花結果的人**」有以下三大特徵：

一、**明白自己心目中的理想形象**。

二、**了解自己的「優點」**。

三、**站在他人的角度思考，持續「貢獻」**。

其中又以第三項最為重要。思考「如何貢獻」的過程中，會自然逐漸成長，發現所作所為無法帶給對方喜悅時再加以修正即可。

抱怨「我明明這麼努力卻沒有人肯定我」的人代表缺乏客觀性，只會把自己的價值觀強加在別人身上。五十歲之後，必須培養自行能改善變化的能力。

◯藉由「貢獻」來鍛鍊如何客觀審視自己。

28

培養專業，從「雇員」升級為「大家想委託的人」

——從「鼯鼠五技而窮」到「術業有專攻」

觀察五十歲之後還能成為「即戰力」的人，幾乎都具備某些專業。他們不是「通才」，而是由於「專才」受人景仰，進而獲得他人委託。

許多人在公司的地位隨著年紀增長而提升，出了社會卻發現實力不見得符合地位。即使原本是部門經理或董事，除非實力堅強，換家公司後不見得仍舊能身居要職。

無論是想要發揮實力或是獲得幸福，都必須把精神與精力集中於「自己做得到的事」並加以鍛鍊。

我建議上班族最好早點訓練自己「會因為某項專業而受到眾人的委

託」。「眾人認可的強項」代表該項所為打動了對方的心。

以強項為線索，發掘自己擅長的專業，努力的方向自然一目了然。

例如小公司也可能委託離開公司的前員工繼續負責原本的工作。

我以前任職的編輯製作公司有位六十多歲的校對人員。他總是能發現其他人不會察覺的錯誤，又因為曾在律師事務所工作，熟悉法律，所以也負責公司的合約相關業務，進而成為公司不可或缺的戰力。因此儘管辭去工作，還是可能成為不可或缺的人才，人人都想委託他。

說到「專業」，大家想到的往往是尖端技術或是深度知識，其實不需要想得這麼複雜。即使剛開始不過是「微專家」，若是長期受人委託，久而久之便成長為「了不起的專家」。所以在公司內部培養出的技巧，也能轉換成在外界通用的技能。

「受人景仰，容易收到委託的人」具備以下三大特徵：

一、**專業能以「言語」說明**

原本負責技術工作的人容易開拓專業。但是倘若無法詳細描述工作技能，只說得出「我在公司負責行政工作」、「我曾經擔任主管」，對方也很難想像該委託何種工作。要是能在介紹時以「這個人原本是做〇〇」、「這個人會〇〇，熟悉△△」等話語交代，對方更容易想像委託的業務。

二、**立刻對應，著手了就要善始善終**

說起來好像理所當然，不過如果老是以「我很忙」為藉口，或是接受委託後卻擱置不理，久而久之便不再有人搭理。

當對方需要自己時要立刻回應，同時做到有始有終，不可虎頭蛇尾，如此一來便能與對方建立起信賴關係。過程中時時報告進度、常常溝通，發現問題時立刻商量，也是建立良好關係的準則。

三、**持續超越對方期待**

無論是否為組織的一員，只要工作成果能持續超出對方期待，一定會繼續接到工作。面對稍微超出能力範圍的工作仍舊果敢挑戰，超越對方期待……反覆多次之後，肯定自己專業能力的人想必越來越多，成為眾人都想委託的專業人士。

我認識一位七十多歲的老先生，總是有金主願意僱用他來執行各類專案。他曾經告訴我：「我雖然沒有自己的目標，不過我非常喜歡受人期待與滿足對方的期待。我的工作就是不斷重複這件事。」

大家不妨想像自己到了七、八十歲還受人委託，而且不僅是受到周遭的人，而是社會大眾期待的模樣。

◯持續超越眾人期待，持續獲得委託。

29

沒有驚人的技能也能成為「稀有人才」

——留意「自己與眾不同的地方」

前面的章節提過好幾次，要把想做的事轉化為工作需要的不僅是「我會做這份工作」，還需要「這份工作有市場需求」，換句話說，有人需要這份工作所提供的服務。

我認為只要學會開發市場需求，一輩子都不用擔心沒工作。

成為符合市場需求的人才不是去人手不足的業界或是正在徵人的公司就好，而是成為「稀有人才」，讓大家願意主動委託，獲得酬勞與下一次的工作機會。以開店為例，要開就要開「與眾不同，無可取代的個人商店」，而非「處處可見的傳統商店」。

然而要做到這點，不見得需要驚人的經歷或是特殊的技能。

到了四、五十歲，想必累積了一些經驗、詳盡的知識與人際關係等資源。特性也逐漸顯眼，人物本身便具備稀有價值。重點在於不是漠然從事與大家一樣的事，而是留意自己與眾不同的地方。

五十歲之後，「與眾不同的技能」才是價值所在。剛開始不需要鶴立雞群，比平均程度優秀一點即可。從事以這項技能為主的工作之後，便能逐漸發現需要補足或是深化哪些能力。

有些人會在部落格或是名片上註記自己是「透過投資不動產實現財務獨立的理專」、「透過飲食培育親情的育兒顧問」（以上皆為虛構）等等。這些頭銜乍看之下很有意思，然而勉強打造的服務與市場需求無法長久經營。

以下介紹「**四種工作具備稀有價值的模式**」。請大家也想想自己的工作具備哪些價值模式。

一、與優點斜槓

這是以技能為中心，加上滿足業主、客戶的選項。

有位在大學教日文的女性講師，有時會教留學生壽司等日本菜的做法。由於大獲好評，於是在五十多歲時辭去講師工作，開起烹飪教室。學生主要是外國人，大家想學習的餐點以拍照上相的壽司捲等菜色為主。因此「英文X日本菜X外國人的人脈」打造了只有她才做得來的工作。

二、做其他人不做的事

這是在沒人做的事情當中尋找市場需求的方法。

我認為競爭對手眾多的紅海市場沒有勝算，所以找工作時都會挑選儘量沒有競爭對手的藍海領域。例如當接案攝影師時，我的差異化商品是提供人物攝影親手沖洗黑白照片的服務。許多客戶都非常喜歡這項服務，於是逐漸成為工作核心，還因此舉辦了個人展覽，進一步提供以黑白照片做成家飾的服務。

三、深化專業中的特定領域

這是在專業領域當中進一步鑽研專業的方法。

有位五十多歲的心理諮商師公開自己與家人都有發展障礙之後，找他諮商的客戶擴及全國各地。因為他不僅具備發展障礙的詳盡知識，同時也是當事人與家屬，比起一般心理諮商師更了解諮商對象的心情，提供的意見也格外有說服力。

四、留意時代

特意不符流行或是以現代的方式來重新詮釋古老的事物，也是一種提高價值的方法。例如傳承過去的食、衣、住、文化並加以改良，以便融入現代生活。我認識一位和服著裝講師，就是教導學生以現代穿著西服的方式來輕鬆穿著和服——我認為五十歲之後的人生使命包括傳承傳統優良文化。

結合多項「做得來的事」，形成「只有自己才做得來的工作」。最重要的是，當從事無人可取代的工作時，自然會充滿自信，活力充沛。

◯以「優點」、「稀少」、「專業」、「時代」一決勝負。

30

隨著年齡增長，活用「人性化的能力」

——持續活躍的武器

在這個工作逐漸全球化、遠距辦公化，甚至由人工智慧取代的時代，不少人認為今後中高齡勞工會失去工作的舞台。如同本章所言，第一步是要選擇有專業技術才做得來的工作。

即使是要轉換跑道挑戰新事物，最好也要先考量過去培養的技能、知識、經驗與人際關係等長年累積的資源，或是從原本就有市場需求的領域當中尋找自己做得來的事。

五十歲以上的人常常忽略自己擁有的貴重資產。

這裡的資產指的是「人性化的能力」，包括溝通能力、寬大的心胸、溫柔、智慧與經驗等等。

現代社會人口老化日益嚴重，個人主義盛行，因此更需要「守護」、「陪伴」、「聆聽」、「建議」、「指導」與「協助」等無法以人工智慧取代人類的服務，中老年人卻因為缺乏機會而無法發揮這些實力。

以目前的社會制度來看，長照、醫療、托嬰托幼、生活與教育等工作都需要上述的人性化能力，即使這些行業的薪資水準普遍偏低。

然而換個角度來看，這些工作都充滿使命感。

「人性化的能力」其實是協助中高齡勞工持續活躍於第一線的強力武器。

前幾天去百貨公司購買喪禮用的衣物時，來接待我的是一位七十多歲的女性店員。對方態度親切，招呼我的方式完美無瑕，對喪禮時的規矩、禮儀與商品的相關知識瞭若指掌。有她的指導，出席喪禮不用擔心。我為此十分感動，還在問卷上表示希望下次還能再接受她服務。

我後來才知道對方大名鼎鼎，有些客人橫跨祖孫三代都來跟她買東西，為了接受她的服務不遠千里而來的客人不計其數，年輕的員工也經常和她商量。

「薑是老的辣」也是持續活躍的武器之一呀。

我曾經在婚顧公司工作，客戶指名服務的通常都不是年輕人，而是五、六十歲的資深員工。這是因為舉辦婚禮不僅是要和新郎、新娘溝通，還必須經常與其雙親對話。

之後公司又僱用了六十多歲的新進員工。儘管她沒有經驗，接待方式在新郎、新娘眼中像是媽媽，在新郎、新娘的雙親眼中則像是姐姐。或許是因為她讓大家感覺很安心，獲得許多人介紹，數年之後甚至晉升為部門經理。

我身邊六十多歲還在工作的人，多半是從事心理諮商、旅館經理、長照設施的主管、幼保師與照護員等需要「人性化能力」的職業。

我認識一位女性離婚之後，在五十多歲之際成為俱樂部的媽媽桑。她現在已經高齡八十，還是有許多客人對她表示：「要是你把店關了，我們就沒地方可去了，拜託你開到九十歲。」她自己也表示：「這三十年來，我從來沒想過要休息。除了客人賞光之外，大概我也很適合這份工作吧！」

另一位七十多歲的女性陶藝家，她負責過各類活動，從觀護志工、同學會的會計、小學生的鄉土花牌製作到幫忙廣播體操等等。

這些活動當中，又以每天早上當附近小學的導護志工持續最久，連孫子畢業之後都還繼續當，一共做了十五年。她表示：「我也曾經覺得疲倦，但是從來沒想過要休息。要是有一次覺得不想去，我應該馬上就放棄了。」

儘管是志工，仍舊因為長期持續而受到當地居民刮目相看，深受大家信賴，許多人都願意助她一臂之力。

不管是不是工作，長期持續都值得敬佩。

「有人在等我」、「有人期待我表現」的工作意義會使人更加茁壯。

◯想要工作一輩子必須具備「工作技能」與「人性化的能力」。

31

培養技能的唯一方法

——建立一定能為磨練技能騰出時間的機制

相信有些人面對人生即將進入下半場，打算提升技能或是學些新事物。但是四、五十歲才開始學習新事物絕非探囊取物。

以學習外文為例，四、五十歲才開始一定比十、二十歲的年輕人花上加倍的時間、心力與金錢。懷抱「只要有心，幾歲都學得會」的氣概當然是好事，實際上還是有做得來跟做不來之分。弄錯努力的「方向」與「方法」不過是徒勞無功。

工作與學習都有確認「是否努力對方向」的標準。

其中一項標準是努力的過程「是否樂在其中」。

能夠樂在其中，長期持續才不覺得辛苦——無論結果如何，持續本身就有意義。能否持續的關鍵在於「好奇心」，充滿好奇心自然會湧起努力的意欲，不覺得付出心力是件苦差事。

年過五十，發現無法樂在其中時，要有放下的勇氣。勉強自己不會有好結果。

有些人為了派不上用場的證照或是語文而努力時，會用「努力一定會有回報」這句話來安慰自己。然而造成心靈負擔的努力，極有可能是浪費時間與精力。

另外兩項標準是「是否能對他人有所貢獻」與「是否有人肯定」。若是獲得「謝謝你幫了我一個大忙」、「好厲害」、「不愧是專家」等評價，代表這項工作屬於「強項」，心血用在正確的方向。

五十歲之後不應該把時間耗在改善自己不擅長的事物上，而是持續鍛鍊拿手的事物，藉由提升價值來成為「社會需要的人才」。

下一步是努力的「方式」。可惜的是，包括我在內的大多數人都為了學習技能與知識，浪費大量精力。

我們總是習慣先學再實踐，然而正確的方式是先實踐再學，也就是先輸出再輸入。

因此公司可說是最好的學習場所，能夠藉由工作獲得學習機會實在令人感激。我也是在公司學會拍照和寫作的技能。儘管缺乏相關知識與技能，身處於不得不做的狀態之下，自然會竭盡全力，突飛猛進；回饋便是上司的評價與批判。沉默寡言的人當了業務之後越來越懂得如何交際也是因為經過多次練習。

五十歲之後要自行提升技能之前，最好先把自己逼進「不得不做」的情況當中。這是最好，不，應該是唯一的辦法了。以學習語言為例，學習到一個程度之後，和該國的人交朋友，或是尋找資料時閱讀該語言寫成的書籍，自然會逐漸進步。

上班族不妨試試目前的技能在外界能通用到什麼地步。剛開始不妨用優惠價或是免費服務來試試水溫，實際做了，才會明白自己還有哪些地方需要補足。若是因此去考取證照，念起書來也更能吸收，努力不會白費。

首先掌握使用技能的機會，建立必定得花時間磨練的機制——這就是提升技能的唯一辦法。

珍貴的精力與時間必須用在正確的地方，同時累積能夠真正派上用場的技能。

◯不是學了再開始實踐，而是實踐了再開始學。

CHAPTER 4

五十歲之後開花結果的人如何交友與生活

32

五十歲之後以「個人身分」拓展交友圈

——以「一介普通人」的身分建立平等關係

希望五十歲之後的人生能過得豐富精彩，關鍵在於認識哪些人。「我想認識他」、「他是我的榜樣」、「我希望獲得他肯定」、「我想跟他共事」、「我想為他們盡力」……我們或多或少會受到工作、日常生活或是休閒時間接觸的人所影響，即便是做想做的事，也很少事情是能夠完全一手包辦。

因此五十歲之後應該更能感受到人際關係的重要性。

我有好幾位貴人，要是沒遇到他們，恐怕就沒有今天的我了。

之所以覺得要好好珍惜人際關係，其根本在於「一個人什麼也做不來」、「我什麼也不是，不過是個普通人」。

不能因為事情稍微順利一點，便以為自己是天選之人。要是認為偶爾一帆風順是多虧有他人協助，今後也得想方設法努力過日子，自然會謙虛以對。

「普通人」不是「微不足道的小人物」之意，而是不以工作、頭銜或是上下關係，單純以「個人身分」和他人建立平等關係。

正因為如此，五十歲之後結交朋友既自由又有趣。

在這些交友圈中，衍生出屬於自己的角色。光是知道有地方可以貢獻能力，心情便會隨之開朗，湧現活力。

另外，很多事情「自行思考無法突破極限」。接受他人想法與外界刺激，藉此更新大腦，進而產生前所未有的點子，採取行動，拓展人生的可能性。

我喜歡和各式各樣的人交流，不在意對方的年齡、性別、職業與立場。當對方談話內容超乎想像時格外有意思，帶來良性刺激。儘管我不見得能以對方的生活方式為範本，至少能學習部分想法與行動，把對方當作人生課本的一頁。

至於彌補自己不足之處的還是人。例如提點哪些地方不對勁，替我接下不擅長的工作，以及在脆弱的時候伸出援手等等，都令人感激涕零。

換句話說，我多虧周遭的幫助才得以拓展人生道路。不需要自己全力以赴，而是有人為自己找到施力點，提供協助，給予關心。

上班族可以在公司獲得這一切，五十歲之後卻得自行尋求。注意到這一點，主動出擊，擴展交友圈，珍惜周遭的人——做得到與做不到的人，兩者的人生充實程度想必會有天壤之別。

我認為**五十歲之後開花結果的人在人際關係方面**具備以下三種特徵：

一、不自卑，不自大，呈現原本的樣貌。

二、對重要的人表達謝意，並以實際行動表示。

三、在小事上貢獻，拜託對方幫小忙。

關鍵在於不執著、不勉強、悠然自得地交往。

研究結果顯示最為影響幸福與健康的不是金錢或營養，而是「人際關係」。想要珍惜自己，便要珍惜別人。第四章將向大家介紹五十歲之後如何建立支持工作的人際關係。

◯良好的人際關係帶來良好人生。

33

五十歲之後建立「公私混合」的人際關係吧！

——以真實的面貌來交友，更有益處

一般「公私混合」都是用在濫用職權、盜領公款或是性騷擾等利用職權優勢進行違法事宜，和我所提倡的「公私混合」是天壤之別。

五十歲之後的人際關係最好結合「公領域」與「私領域」，不僅能改善工作的品質，連人際關係與生活的品質都能隨之提升。

前面的章節提過所有年齡層都應該同時進行「學習」、「工作」與「娛樂」，人際關係的影響範圍正是前三者加上「生活」。

因為共同嗜好而認識的朋友意氣相投，對方因而介紹工作；和以前的同事成為長期交流來往的好友；在親朋好友身上發現工作的點子……。我四十多歲去台灣留學時，則是獲得恩師介紹，取得大學講師與觀光局等政府單位相關的工作。

五十歲之後想充實「普通人」——也就是充實「個人」生活的話，最佳做法是以真實的面貌與他人建立平等的關係。如此一來，合得來的人、尊敬你的人，與願意伸出一臂之力的人等對自己而言不可或缺的人，自然會聚集來身邊。

反而言之，「為了工作，參加聚餐」、「到處發名片，拓展人脈」、認為「必須和同事交朋友」等方式，通常無法建立親近的信任關係。

面對合不來的人，以禮相對即可。

人際關係公私混合的人，擁有的不是大量的泛泛之交，而是少數的深厚之交；重視友人，隨時願意幫點小忙，而這些關係有時會帶來工作。

我有個六十多歲的朋友是廣告公司的老闆，擔任高中同學會的會長。

母校的校慶和為社團比賽打氣等活動都會出席，甚至比工作還投入。

有一次他心想，要是有T恤或是毛巾等加油用的周邊商品，社團活動的氣氛一定會更熱烈，結果做了之後大受好評。大家都認為「不愧是廣告公司，設計好新奇！」吸引了各個社團的學生家長紛紛來下單。

他把這些加油用的周邊商品上傳到社群媒體，一時，來自各校的訂單如同雪片般飛來，生意興隆，忙得不可開交。

大家身邊應該也有這種「可以幫點小忙」的事，而這些小忙不見得需要連結到工作。

回報可能是一起享受樂趣，獲得新資訊，得到刺激或是心靈受到撫慰，為工作與生活帶來良好循環。

公私混合的重點是不需要因為對方是親朋好友便勉強自己。例如明明委託別人比較好，卻因為對方有恩於自己而硬是委託；因為對方似乎經濟困難，便委屈自己降價接受委託。這些做法，事後都會引來摩擦。

正因為是重要的關係，更應該公私分明。

正因為是重要的關係，不需要勉強也能細水長流。

一方面由於疫情影響，企業之間也出現「整合公私」的想法，而不再是「公私平衡」。工作與私生活不是對立的觀念，而是柔軟整合兩者，因應當下需求轉換工作時間與地點，而非硬性規定工作時間。部分公司開始歡迎員工帶小孩來上班，或是員工一起煮午餐來享用。

現代人因應資本主義的效率生活，連人際關係都過於重視效率。想要活出真正的自己，需要暫時停下腳步，著眼於私生活，好好思考今後的人際關係。

○為身邊的交友圈「稍微幫點小忙」。

34

和下一個世代輕鬆交際吧！

——不要期望年輕人「肯定自己」

常常聽到四、五十歲的人抱怨「不知道怎麼跟年輕人相處」。例如「我不太會用電腦，也不熟悉現代潮流，被年輕人當作無知的老人」、「對方都不肯招呼我，只願意跟同年齡的人混在一起，覺得自己被排擠」、「對方一點也不尊敬我，講話聽起來很瞧不起我」、「年輕人認為我已經過時，把我當作已經退休的老人」。

無論哪個時代，都會遇上年齡的代溝。然而現代的情況是：前輩提醒後輩做錯事，可能會造成「冰冷的上下關係」，引來後輩反抗或是嫌棄前輩雞婆等等。這應該是過去「必須敬老尊賢」的文化與「重點不是年資，而是結果」的成果主義、社會結構盤根錯節，所導致的冰冷上下關係吧！

然而這世上還是有對周遭的人打開心房，建立舒適人際關係的辦法。

和年輕同事交際的關鍵在於不要勉強。配合對方的話題或是虛張聲勢都只會讓自己更加疲倦，不如就以平常心面對吧！

儘管不需要特意配合年輕人，要求「年輕人就是該配合長輩」也是一種傲慢。

和年輕人往來的目標不應該是上下關係，而應該是「平等對待的溫馨關係」。

認為對方「不肯主動招呼」、「不尊敬自己」，其實都是因為「年輕人應該先打招呼」、「年輕人就該尊敬長輩」的想法在作祟。對方其實也感受到年長者過於在意年齡的心態，所以才敬而遠之。

建議把自己當作比對方活得久一點的「普通人」就好。儘管對方年齡可能跟兒女差不多，面對職場高手付出敬意、面對談得來的人，享受閒聊的樂趣，或者向年輕人請教自己不懂的事……七、八十歲還能跟年輕人建立友好關係的人，會散發這樣的氣息。

不虛張聲勢，任誰都能輕鬆接近。

不再在意年齡，便能自然融入年輕人的團體；對方也不會再認為你是「過時的人」，願意拜託你做一些事。

這年頭越來越多年輕人當上主管。當對方小心翼翼想著該如何接觸時，不妨先醞釀方便對方開口的氣氛。

老是期待對方肯定自己，心胸只會越來越狹窄，不如展現成熟的胸襟來肯定對方吧！不是所有人都會因為如此而立刻打成一片，但至少原本冰冷僵硬的心靈會逐漸融化。

以下是「**面對年輕同事與夥伴，互相打開心房**」的五大訣竅：

一、說話時常常叫對方名字

心理距離遙遠時，總會不自覺省略對方的名字。「○○早安」、「○○今天來得好早啊！」等經常以名字稱呼對方，表達向對方打開心房，珍惜對方的心情。

二、就算是小事也去請教對方

「既然你很懂電腦，能教教我嗎？」、「這個人很有名嗎？」、「你覺得這個企劃怎麼樣？」，即使是一些小事，聽到有人向自己請教總是讓人覺得自己受到信賴。感謝對方指教又能成為肯定對方的契機。

三、尋找簡單的共通點

喜歡同一支棒球隊、常去同一家店、喜歡同一個電視節目、家鄉很近、興趣相同等共通點，能立即拉近彼此的距離，也容易開啟對話，進而交換資訊。

四、觀察對方，稍微讚美一下

雙方之間出現疙瘩通常是因為沒有仔細觀察對方。用心觀察應當能發現對方的優點，即使是「真時髦」、「工作速度好快」或是「字好漂亮」這些小事都值得誇獎。

五、有時說點真心話跟公開自己的隱私

很多年長者不想讓年輕人看到自己的弱點，其實坦誠以對或是分享自己的失敗經驗，例如「剛剛會議上討論的我實在聽不懂」、「其實前一陣子工作上弄錯了一些事」，再徵詢對方的意見，也能逐漸增進對彼此的理解。

倘若能建立彼此敞開心胸，交換意見的關係，年輕人會是最棒的啦啦隊。

○年齡不是重點，不勉強自己，以「普通人」的身分交際吧！

35

以「自己為中心」來挑選新的人際關係

——五十歲之後自行決定交友圈

相信許多人過了五十歲，職場與私生活的人際關係都越來越狹隘。

「我不擅長交新朋友，認識新朋友好累。」

「跟老同學的價值觀、生活環境都大相逕庭，已經聊不起來了。」

「明明工作跟育兒都告一段落，卻沒有人來找我。」

由此可知，人際關係難以隨著年齡擴大，反而是越來越縮小。

二十到四十歲的人際關係會受到結婚、育兒和居住環境而產生變化，五十歲之後則是自行選擇交友圈的時期。

有些人斬釘截鐵地表示「我不需要朋友」，也有些人「想要跟許多人交流」或是「有幾個能夠深交的朋友就好了」。

人際關係沒有正確答案，重點是要適合當事人。覺得「建立新的人際關係很麻煩」的人，可能是因為過往建立的多半是職場或是為了孩子與其他家長交際等配合他人的關係，不習慣以自己真實的樣貌來交朋友。

遇上合得來的人便繼續聯絡，合不來的人則無需勉強自己。

了解自己的需求，例如「我想怎麼生活」、「想認識什麼樣的朋友，想建立何種關係」，自然就能在對的時機遇上對的人。

我算是常常認識新朋友，不過真的能持續交往的往往滄海一粟。儘管如此，我還是覺得一面之緣也有其意義存在。

第一次見面時不妨以觀察的角度接觸對方，無須刻意連結到工作或是硬要當朋友，自然能放鬆心情。

可能因為我從事寫作工作，本來就對他人充滿興趣，很喜歡聽別人講話，感受嶄新的觀點與發掘對方的優點。我不會特意去思考「對方怎麼看待我」。對方喜歡我當然最好，不過對方的看法畢竟掌握在對方手中。重點是大家一起度過愉快的時光，維持交際的最低限度——不要做出沒禮貌的事即可。

無論關係是否持續，每次接觸到新的人際關係總能稍微拓展一點自己的世界。

之前認識一位年過七十五歲的社長，對方告訴我：「我認識一些二十多歲的女孩，因為疫情影響而失去住處與工作，於是我和五名小我五十歲的女生一起生活三個月。這件事之於我是一場革命，我在她們身上學到很多，了解現在二十多歲女生的想法，天天都充滿驚喜。」

他之所以外表年輕，活力充沛，或許是因為具備柔軟的心靈。

和年齡相近、價值觀相仿的人往來輕鬆簡單，至於認識年齡相差巨大又價值觀迥異的人不見得能順利建立人際關係，卻能受到大量刺激。最重要的是新的緣分能振奮精神，帶來樂趣。

認識新朋友的場所可能是職場、同行聚會、興趣相關的社團、學習中心、志工、區域性活動、同好的餐會、他人介紹，甚至是經常造訪的店家，形形色色。

進入新的社交圈，最好抱持嘗試的輕鬆心態。要是遇上舒適的關係當作好運，要是相處起來不合拍卻不能直接退出，保持一定距離即可。

建立公司與家庭以外沒有合約或是規範的關係時，想要維持交情必須用心經營，進而鍛鍊溝通能力。

現在越來越多人利用社群媒體來展現自己，與自己興趣相投或是目標相同的人應該合得來。

人際關係愈是狹隘，心靈與想法愈容易僵化，進而影響工作表現。建議大家趕緊放鬆心情，踏出同溫層，建立新的人際關係吧！

○藉由認識新朋友鍛鍊柔軟的心靈。

36

你給我，我送你，建立「交換經濟」

——超越年齡、立場與國界的人際關係

有些人總會吸引大家聚集到他身邊，自然而然收到工作委託，與眾人結緣。這種人聽到別人需要幫忙之際，習慣積極伸出援手，例如「這件事我來幫你吧！」、「這個消息可能對你有用」、「我剛好認識適合的人可以介紹給你」。

反而言之，不太常收到工作委託與難以結緣的人，就算聊天也總是句點王。或許是因為這種人不想主動付出吧。

無論什麼年紀，都有人是以「得失」作為交友標準。

通常大家都會逐漸遠離這種人。

五十歲之後的人生屬於以個人身分「付出」、「貢獻」的階段。正因為累積了智慧與經驗，充滿各式各樣「伸出援手」的機會，只要願意伸出援手，便能建立超越年齡、立場與國界的人際關係。

尤其是聆聽、守護、指導與介紹等人性化的能力，一定比年輕人和人工智慧強。

不可忽略的是，伸出援手的關鍵在於對方「是否會因此感到開心」。要是對方不會因此而高興，那麼不過是雞婆和強迫罷了。

習慣「從他人對自己的需求」當中找到「自己做得到的事」的人，不僅是工作，還會越來越常感受到關懷與心靈滿足等各類恩惠。

我住過人口凋零的農村，雖然生活相當不便，卻獲得許多七、八十歲的居民協助。大家都會主動開口：「我送你去公車站吧！」、「我來幫忙割草吧！」、「我做了醬菜，你要吃嗎？」、「我來教你怎麼燙竹筍吧！」

當我滿心欣喜地道謝，對方下次又會送給我其他東西；但是當我表示不需要時，對方也不會強迫我接受。重要的是不要勉強彼此。正因為我們都不一樣，才會產生這種互助合作的情況。

因為想回報恩情，我在年輕一輩的協助之下，舉辦了鄉土料理等活動，邀請村莊的居民們享用餐點。

我在農村能做的有限，很過意不去總是單方面接受大家好意，大家的反應卻都很大方，表示看到我收下時的喜悅模樣就足夠了。身邊環繞著一群願意付出的人，實在叫人安心。

除此之外，互相給予也能建立「交換經濟」。我認為「交換經濟」正是人生下半場需要留意的經濟體制，不僅先進，還能永續。

如同我在鄉下以物易物，利用自己的能力與身邊的人互助互惠，價值遠勝於直接以金錢購買。

以物易物不僅能用在工作和興趣等想做的事，當日常生活需要協助或是生病時都能成為安心的力量。特別是在這個資訊社會當中，更是需要他人提供自己不熟悉的資訊。

與他人建立關係或是隸屬群體，便能彌補大多數必須使用金錢購買的物質。以我自己為例，我把不穿的衣服與提包，送到朋友經營的慈善商店交換其他新品，所以不需要在服飾上花費太多金錢。

近年來提供個人接案的網路平台日益增加，案子不再限於提供鄰近客戶家事、托嬰托兒、搬運重物或是整理收拾等服務，而是擴大至藉由網路聆聽遠方客戶的煩惱，接受諮詢或是與外國人練習日文會話等等。

以前深山的居民思考的是如何把手邊的蔬菜換成漁獲，現代人則是改為思考如何提升自己提供的服務與事物價值，想辦法在這個艱辛的社會堅強活下去。

五十歲之後成為「主動付出」的人，正是最能收到各類回報的方法。

◯這世上一定有人需要你。

37

意識到自己是群體的一份子

——把眼光放遠，便能發現做得到的事

由於即將離開公司，考量五十歲之後的人際關係，大家往往將目光投向地區社群、興趣社團或是親戚等小型群體，然而我希望大家不要忘記有時自己隸屬更大的群體。

所謂更大的群體包括社會、國家、世界、大自然與宇宙。我認為在當前的時代，該用更為遠大的目光去俯視，五、六十歲離開組織後以「個人身分」工作，以及「以自己為優先」來工作的意義在於為更大的群體貢獻。

想到自己是大型群體的一份子，便能以不同角度審視工作方式與人際關係。例如在公司從事飲食相關工作的上班族，抱持著「要製造任誰都能

安心入口的食物」的心態，與當地農民合作；在成衣公司工作的人「想要援助國外貧困地區的人民」，於是和非營利組織合作，一起製造衣物。

我們身邊充斥孤立、貧窮、人口老化、身心靈疾病、大自然、教育與環保等各類問題，其中部分課題想必個人也能有所貢獻。想用音樂撫慰人心、想告訴大家文學的有趣之處、想讓兒童體驗大自然等，也都是充分貢獻社會的活動。

要是遇上相同理念的人，彼此便是「同志」。

我有個朋友是料理研究家，在自家開設教室。除了烹飪教學，也教導大家如何生活得更輕鬆愉快，但其實他真正的目的是提供大家聊天的場所。要是在家庭與職場之外有其他交流的場所，大家便能相互傾訴煩惱，恢復活力。所以他和伴侶、親戚、當地居民一起實現了許多企劃，參與者也都樂在其中。

工作的本質是貢獻他人。五十歲之後仍舊活躍於第一線，持續成長的人，都強烈認知自己是社會的一份子。

認為「貢獻子孫就夠了」、「我光是照顧父母就來不及了，沒空思考什麼社會貢獻」也算是一種貢獻，因為這些行為能讓自己以外的人得到幸福。然而稍微把眼光放遠，心靈自然隨之從容，進而發現其他做得到的事。例如了解家人的可貴、長照問題與解決辦法，透過部落格與社群媒體發表自己的看法，或許會有人因而得救。

人類習慣尋找人生的意義，希望自己的生命具有價值。不想孤立，與他人互助合作，彼此肯定，也都是出於「貢獻他人」的心態。

我採訪過「世界最窮總統」烏拉圭前總統穆希卡（Jose Mujica）的夫人露西亞・托波蘭斯基（Lucía Topolansky）。她本人是受民眾歡迎的國會議員，從國中時期開始對貧富差異問題產生質疑，投身政治活動，遭到當局逮捕而入獄。我在她身上學到三件印象深刻的事：

「找到人生的意義」；

「把時間花在所愛的事物上」；

「要活得隨心所欲，同時為這個社會留下點什麼」。

我經常回想起第三件事，每次回想起來都覺得受到鼓舞，振作精神。她對我說：「我們不過是這個世界的過客，但是這世上一定有人接受你走過一遭的痕跡。離開人世時就算家財萬貫又有什麼意義呢？可我們能為這個世界做點什麼，好讓下一個世代的人生存下去。」

我們現在之所以能享受和平方便的生活，都是前人留給我們的遺產。渴望為了後代子孫或是不同世界的人奉獻，似乎是人類的本能。

○時時留意「我要為下一個世代留下什麼呢？」

38

五十歲之後無所謂成功與失敗

——開心做想做的事就是贏

人生前半場免不了各類競爭比較。即使到現代，可能還是會聽到「上好大學，進好公司才是人生勝利組」、「賺很多錢才算人生勝利組」、「五子登科才算成功」等評語。

但是到了人生下半場，這些評價不過是身外之物。最幸福、最充實又最帥氣的人生莫過於做自己想做的事，每天活力充沛，面帶笑容，開心生活。

因此我一直推廣「遊戲人間」——進行貢獻社會的活動並樂在其中的同時，也要享受進行其他活動的樂趣。

正因為工作占去了人生多數時間，才需要休息、學習與進行其他活動的時間。

有時住在國外的朋友會跟我分享他們工作十年之後，可以請數個月或是一年的「學術休假」。

能夠長期休假代表可以安排旅行、短期留學、短期移居，當志工或是體驗其他工作。累積這些新的體驗，拓展觀點，建立靈活的思考模式，想得到新點子代表能貢獻更多。

某位日本社長也說他會給資深員工一個月的「學術休假」，讓大家輪流休假，其他人擔任休假者的職務代理人期間也會因而成長。

我建議五十歲之後，一邊工作一邊安排「學術休假」，自行建立能長期休息的工作環境。

要是不方便長期休假，不妨試試「工作度假」。

我曾經因為想稍微學點東西，於是前往台灣留學，成為研究所學生。

當時我本來打算要降低寫作的頻率，專心念書。

結果沒想到那三年反而是我工作最頻繁的時期。一方面是吸收了新知就想趕快消化輸出，另一方面則是在精力充沛的一群人環繞之下，自己也跟著湧起幹勁。

同學的年齡層從年輕人橫跨到七十多歲的老人家，國籍也形形色色。大家在課堂討論時交換意見，私底下分享煩惱。身為班上的一份子，我也自然振奮起精神來。

尤其是有職業婦女不僅身兼全職工作，利用特休來上研究所，提交報告；完成論文的同時還要兼顧家事與育兒。滿滿的活力震懾了我。

年輕學生則是做網路拍賣、擺飲食類的路邊攤，或是透過有趣的教學賺錢，不需要大費周章地事前準備……身處於這群人之中，我深感「原來我想做的事情，已經有人實現了」。

我現在居住的地區有很多居民原本是外地人，有些人是回鄉發展，有些人跟這裡原本沒有任何淵源。他們的年紀以五十歲以上居多，類型也形形色色，包括「平常在都市工作，每年想來鄉下悠哉度日數個月」、「我想先休息一陣子，之後開辦繪畫教室」、「兩年後想開民宿，現在正在修行」以及「疫情之後工作形式改為遠距辦公，所以我就搬來了」等等。

靠想做的事情維生的人都怡然自得又精力充沛。雖然有時會休息，基本上還是靠轉換跑道與改變工作方式來持續工作，因此同時解決晚年的三大煩惱：健康、金錢與孤獨。

儘管有時可能沒有工作，或是必須配合家庭因素搬家。這些意外也都點綴了名為「人生」的這齣戲。五十歲之後的人生無所謂成功或失敗，而是著重於感受人生的所有時刻，享受與品嘗每一分每一秒。

工作年限日漸延長，所以無須心急，途中不妨逗留一會，嘗試其他方向或是繞個遠路，也還是會繼續前進喔！

○為雀躍期盼的事情多留一點時間。

39

以一年為單位，挑戰新事物

——一步一步完成短程目標

感興趣的工作、想去探訪的地點、想嘗試的休閒活動與才藝、想參加的活動，想好好孝順父母或是與家人共度時光，這些事情我都建議以一年為單位來實現。

不把未來的行程排滿，而是計畫在一年內完成短程目標，一個接一個做下去。

我覺得「假設壽命只剩一年」也是不錯的做法。一年的時間可以用來持續提升原本的工作品質，或者轉換不同的工作，或是逐一實現過去想做的事。

在這個日新月異的時代，現在的工作不見得數年之後還存在，更有可能家庭情況劇變、發生自己或家人生病等意外。

現在想做的事就該現在動手做。一直想著「改天再做」，最後可能只能留到下輩子再做。

活在當下，心情會隨之時時變化。

世上沒有原本便屬於自己的道路，而是坦率遵從當下的心情與感覺來選擇，最後走出「自己的路」。

有時做著做著會發現自己接下來想做這件事、想要更深入了解，或想要稍微變化，也可能因為周遭的委託而突然獲得不得了的機會。

許多人「當下」的生活是為了「晚年不會為錢擔心」等未來。這或許是受到「只要工作到退休就不需要為晚年擔心」等過去的價值觀所束縛。

把準備未來的時間控制在最小限度，專心投注於目前樂在其中的事物，最能發揮自己的能力。

正因為不照計畫，「順勢而為」，所以才能做出最好的選擇，成就最棒的自己，工作與收入也隨之而來。只要當心不要受重傷，其他愛做什麼都可以。

我通常每一、二年就會搬一次家，至今住過國外、大都市與鄉間各地。人際關係隨著住處而改變，有時也會帶來新的工作。

至今獲得的報酬多半用於搬家與學習。不過我覺得把金錢花在增進之後的工作表現，身邊的人、自己與金錢本身都最為滿足。工作也是，依照當下的直覺選擇，更符合時代與環境，自然能長長久久。

即使結束的那一天來臨，能夠一路做自己認為最開心的事也是一種幸福。我希望自己能夠活在當下，盡情享受每一場挑戰，覺得每一項體驗都很愉快。

然而人生當然不會在一年之內結束，有些事情也不會在一年之內了結。所以除了需要「以一年為單位」來計畫之外，還必須大略想像十年之後「理想的自己」。

如果心裡有希望工作型態能跟哪個人一樣、想過過看哪種生活等部分範例的藍圖，就更容易具體想像理想的自己。

理想可以隨時變更。但是倘若沒有目標方向，短期的「一年計畫」也會陷入困境，以十年的間距來思考，便能嘗試困難的課題。

人生需要「一年之間」的短程觀點與「十年之後」的長期目標。

○「順勢而為」比獨力奮鬥走得更遠。

CHAPTER 5

五十歲之後開花結果與
五十歲之後停止成長的生活習慣

40

口頭禪是「我已經老了」的人與不把年齡當藉口的人

隨著年齡增長，有些人會把「我已經老了」當作免死金牌。這些人用無法改變的年齡這項事實當作藉口，向周遭宣告「我已經老了，很難再找工作」、「我已經老了，穿不了亮眼的衣服」、「我已經老了，跟不上年輕人了」，同時強迫自己接受現況。

然而，找不到工作、穿不了亮眼的衣服、跟不上年輕人等不見得一定是年齡的問題。有些人一把年紀還是找得到下一份工作，有些人老了還是能穿搭出自己的風格，有些人則是和年輕人打成一片，互相學習，通力合作，相處愉快。

這些人都不太在意年紀，只在當下做自己想做的事、做自己做得來的事。

體力當然會隨著年齡增長而衰退，卻也會隨著年齡增長而明白如何靠其他能力來彌補。依靠歲月累積而來的智慧與經驗，促使中老年人培養出接納他人與交際，接受現實與應對，以及下工夫來創造的能力等等。這些都是年輕時做不到，年紀大了卻學會怎麼做的技能。

年紀越大越常把「我已經老了」掛在嘴上，相較於不把年齡當藉口的人，兩者簡直是雲泥之別。前者行動範圍與交友圈越來越狹隘，外貌也比實際年齡老。至於不以年齡為藉口的人則是充滿活力，生氣蓬勃，持續開拓活躍的機會。

人生可惜的不是年齡增長，而是把年齡增長當作藉口而放棄一切。現在馬上規定自己：不准再把「我已經老了」掛在嘴上。

○人生在世，必然會體驗到年齡增長的喜悅與悲哀。

41

隱藏弱點與失敗的人和公開弱點與失敗的人

不分年齡，總有些人會以藉口搪塞工作上的失誤。頑固的人隨著年齡增長，這種傾向更是明顯。

有些人受到提醒時反而會惱羞成怒，不願意修改；有些人則是沮喪氣餒，無法振作，認為自己「已經不行了」。

這些人大概都很懼怕展示自己的弱點，認為「年紀一大把了，怎麼可以犯錯？」、「不能給別人可乘之機」。他們總是想辦法展現自己更好的一面，強烈希望留給別人好印象。然而在旁人眼中卻是「很驕傲卻沒實力」、「編織藉口想矇混過去，真是個麻煩的傢伙」。

另一方面，遭到年輕人指出錯誤也能承認道歉、願意修正的人，反而顯得成熟，落落大方，乾脆爽快。

這種人潛意識明白弱點不會影響自己的價值與評價，反而藉由顯示脆弱的一面，表示「人都有會犯錯的時候，我也不例外，大家互相幫忙吧！」來讓周遭的人安心。主動表達自己不擅長什麼，周遭的人自然會伸出援手。分享苦澀的失敗經驗，身邊的人則會感到格外親近。

最重要的是不需要再勉強自己，放下武裝，與大家輕鬆交往。

弱點這項「可乘之機」其實是吸引友誼的契機。

「不想讓別人發現我的弱點」、「不想給別人添麻煩」的想法究竟造成多少人陷入孤立呢？

顯示脆弱的一面不僅是為了自己，也是為了身邊的人。

○ 願意暴露弱點的人其實最強，也會帶領周遭的人一起變強。

42

不想嘗試新事物的人與刻意跨出舒適圈的人

有一次和五十多歲的上班族朋友聊天，他們紛紛表示：「我已經快退休了，不想多做多錯，維持現狀，平安下莊就好。」、「都這把年紀了，不想挑戰新的事讓自己吃苦。」

其中卻有一位擔任主管的女性朋友，特意請公司安排她負責從未挑戰過的任務，並且自行提出全新企劃。

「成為資深員工之後，就算工作有些困難，也能透過以往的經驗預測大致的解決辦法。但是完全沒接觸過的工作就無法預測了。這種時候只能當拚命三郎，卻也不斷發現『原來還有這麼多我不知道的事！』、『原來這麼做就能解決了！』，非常有意思。」

換句話說，在熟悉的環境處理熟練的工作，安心踏實的同時卻擔心自己是否原地踏步。挑戰全新的工作儘管勞心勞力，卻能發現自己新的一面，感受自己還有「成長的餘地」，所以歡欣鼓舞。

應該有不少人，雖然不至於對於舒適的現狀感到不滿，卻多少有點擔心「維持現狀真的好嗎」的擔憂吧。持續成長的人會特意踏出舒適圈——所謂踏出舒適圈不見得要挑戰高難度的工作，環視公司內部，一定有還沒做過或是誰也不想碰的工作，一開始放低挑戰的門檻，主動接觸這些工作，奮鬥的過程想必既新鮮又充實。

無論結果如何，挑戰後都感受得到「原來我還會做別的事」。持續累積小小的自信正是五十歲之後活出自己的關鍵。

○特意嘗試無法預測結果的事，感受自己的可能性。

43

遭到批判而憤怒的人與感謝他人指教的人

我不太喜歡日文的「老害」，也就是「禍害社會的老人」一詞。這句話通常指老人的言行已經跟不上時代，卻強迫他人要接受自己的意見，給大家添麻煩。

其實很多四、五十歲的中年人，顯然將來也會成為這種老人，最明顯的特徵便是——不願意聆聽他人的意見。

這些中年人聽到嶄新的意見，第一個反應是否定。要是有人批判他們，馬上賭氣鬧彆扭，不然就是惱羞成怒，根本不願意虛心接受。要是老闆或主管等管理階層是這種人，員工或屬下只能被迫忍耐。

另一方面，有些中年人卻能虛心接受指教，受到批判還會表達感激之情：「這麼難以啟齒的事，你還願意告訴我，真是謝謝你。」

這是因為這些人明白自己的看法無法涵蓋一切，身居上位的人該做的不是保全自己，而是掌握整體情況，汲取下位者的意見。因此周遭的人才能輕易提出意見，打起勁來執行他所派遣的任務。

沒有人聽到自己的意見受到批評時會心情好。然而愈是親近的人所提出的忠言，愈需要「聆聽」——能否接受另外再說。首先得傾聽對方批評，讓對方覺得自己「願意用心聆聽」。

在各式各樣的場合，採取「聆聽」重於「訴說」的態度，久而久之自然能習慣傾聽批判。

隨著年齡增長，願意對自己提出忠言的人愈來愈少。因此需要建立對方願意表達意見的人際關係與打造接收忠言的環境。

◯留心聆聽他人意見，保持靈活應對的能力。

44

隨波逐流，不表達意見的人與清楚說明主張的人

強迫他人接受自己意見的人固然有問題，然而不表達意見對自己和周遭也都沒有好處。

有些人面對需要表達意見的場合，會把自己「排除在戰力之外」，認為「我最好不要對年輕人指指點點」、「現在已經跟我年輕時不一樣了」。但久而久之，周遭的人會覺得這個人可有可無。

換句話說，這種人太習慣配合現場的氣氛，在意自己的意見（編按：政治正確〔Political correctness〕）正確與否，於是習慣選擇沉默不語。

然而五十歲之後，最好清楚說明自己的主張。

這是因為，提出意見代表認為自己也是當事人。再者，有些意見，是累積一定知識與經驗的人才有辦法說得出口，你愈能說明自己的觀點，旁

人愈是刮目相看，並且期待下次提出何種有意思的看法。

如此一來，自然養成習慣認真思考每一個課題，逐漸琢磨出更為具體明確的意見。既能促進自己與周遭成長，同時互相讓步妥協，而非單方面接收他人主張。

現代人雖然擅長收集資訊，卻不見得能參考這些資訊轉換成自己的「意見」。

發表意見的訣竅在於不過度配合現場氣氛，簡潔、沉穩的表達，且不去否定他人的意見。

與親朋好友聊聊政治與社會話題，藉由閒聊交換意見，也是一種培養主見與習慣發表的訓練。

◯五十歲之後有「主見」，本身便有意義。

45

和年輕人較勁的人與吸引年輕人支持的人

較勁是透過言行強調自己比對方優秀。我想大多數的人都不覺得自己會和他人較勁，年過五十之後，有時卻會因為潛意識不願意輸給年輕人，結果不自覺和對方較勁。

例如下列幾個例子都是「渴望他人肯定」的言行。

- 不經意地嫌棄否定對方：「照一般方法做，應該能做到才是……」
- 即使聽到新意見，還是堅持過去的做法，「現在的做法就行了。」
- 老是提當年勇：「我們那個時候啊……」
- 刻意說一些專業術語或是其他人不知道的字彙。

年輕人聽了這些話只會生厭，認為「這些事情也沒什麼了不起的」，兩者之間形成對立關係。

吸引年輕人支持的年長者，不會做出跟年輕人「較勁」這種「希望自己獲得肯定」的行為，反而會主動積極的「肯定對方」。

我有一任前主管缺點多又不太會做事，可是每個部下都喜歡他，還都願意主動支援他。他很擅長拜託別人小事，又會正確評價下屬的工作成果，所以大家都不討厭幫他忙。

他也經常做些讓大家高興的「小」事，例如誇獎、聆聽、積極搭話、叫對方名字、主動打招呼、道謝與送點心給大家吃等等。

年輕人獲得年長者肯定時的喜悅超乎年長者想像。所以那位主管的部下都稱讚他「知識豐富，令人尊敬」、「要是他辭職去創業，我會跟著他走」。

現代社會個人主義盛行，每個人都希望別人能夠肯定自己，可惜的是，願意肯定別人的人卻是少數族群。身為成熟的大人，差不多該從「期盼他人肯定」轉為「肯定他人」的人吧！

○肯定年輕人，對方自然會報以尊敬與協助。

46

總是延後想做的事的人與總而言之先做做看再說的人

人類這種生物習慣拖延「想做的事」。大家是否有過本來假日打算去看電影，到了當天卻覺得麻煩，最後放棄，什麼都沒做的經驗呢？

光是靠心情或是意志力，通常會延後。

明明有「想全家去旅行」、「想好好把老家清一清」、「想去健身房鍛鍊身體」、「想學外文」等想做的事情，有些人卻以沒有時間、沒有錢為藉口，過了好幾年還是沒實現。

其實自然而然做到想做的事反而很稀奇。大部分的人即使面對想做的事還是多少有些壓力，「要是不特別費心，根本不會去做」。

所以做得到的人是下了許多工夫才得以實現想做的事。

- 總而言之做做看，不見得要準備萬全。

• 先從能輕鬆做到的事情開始。
• 把想做的事寫在記事本上，空出時間。
• 不求完美無瑕，有需要時拜託周遭的人。
• 打造容易實現的環境。

有時候，嘗試了會發現不見得是真的想做的事，所以更需要「總而言之做做看」。

五十歲之後果敢挑戰的人和習慣拖延的人，數年或數十年之後，兩者的行動成果有天壤之別。不僅是行動成果，連自信和成長的程度都會有所差異。當突然面臨巨大的挑戰時，多年來累積出來的自信與成長都會成為心靈支柱。

○「總而言之先做做看」的人能獲得沒來由的自信。

47

從眾的人與獨特的人

待在公司裡，不免會配合周遭，和大家做一樣的事。然而離開公司，走進廣大的社會便會發現，這個時代是不從眾才能生存下來——不從眾的人遠比從眾的人生順遂。

做與眾不同的事代表是在「橫向關係」中「取得自己的一席之地」。要是在公司裡也是唯一能負責特定工作的人，必定會受到公司重視，各類工作也隨之而來。

我有個住在台灣的日本朋友，每次參加活動和上電視時總會身著和服出席。和服讓他在眾人當中格外醒目，引發眾人熱議，經常收到來自各界的邀約。

「與眾不同」代表發揮自己的特色，也是一種宣傳。

另一方面，商業機會就隱藏在其他人不做的事裡。

我居住的地區有家公司提供家事服務，非常受歡迎。前幾天（等上好幾個月終於輪到我）接受服務時和對方聊聊，發現他們開始提供針對孕婦與產婦的家事服務，由幼保師與營養師來主導這項服務。

服務的出發點是「產婦生產後三星期需要好好休息」，因此協助嬰兒沐浴、哄睡、接送其他大孩子、煮飯、洗衣與打掃等所有家事，同時也為陪同先生異動搬遷而身邊無人可商量的媽媽提供諮詢服務。

一般大公司恐怕很難做到如此無微不至的服務吧！

五十歲之後，不僅是在公司內部，也是在社會上尋找是否有領域乏人貢獻的階段。

關鍵是積極看待「與眾不同」這件事。不再追求「亦步亦趨」。從中就會發現自己過去為了從眾而浪費了許多時間。

○做「與眾不同的事」，在沒有競爭對手的領域取得一席之地。

48

認為已經不用學習的人和享受接觸學習新事物的人

稍微聊一下天，就能明白認為五十歲之後學習新事物沒有意義，以及積極接觸學習新事物的人有何差別。

無心學習的人都是靠過去累積的知識與經驗生活，聊不出新話題，非常無趣。相較之下，接觸學習新事物的人因為活在當下，話題都是「最近終於懂得了○○」、「前一陣子我第一次嘗試○○，好有趣喔！」等，聊起天來非常有意思。

無心學習的人可能當下沒有遇到任何困難，把學習當作學生時代的「念書」，消極以對。然而憑藉落伍的知識與經驗再活上數十年，不是維持現狀，而是不斷退化。

有些人主張「我平常會看書，累積了很多知識」、「我看YouTube的影片學東西」，這種學習方式的確是比什麼都不做好一些，不過單方面吸收資訊無法長久停留在腦海當中。

有心改變自己的人會實際採取行動，嘗試沒學過的事物。現在學習方式琳瑯滿目，從沒煮過的餐點，沒演奏過的樂器、運動、藝術、書法、語言到俳句……，都可以透過終身學習中心、家教與線上課程等方式學習。

我最近開始學茶道，因為是初學者，湧起純粹的緊張心情。接觸新資訊，遇見新發現，越學越覺得有意思，同時產生「之後在家裡辦個簡單的茶會」這種發表才藝的樂趣。

成年之後的學習會帶來全新的觀點，促使人生更為成熟。若是想要更新提升自己，不妨每年學一樣新才藝。

◯學習永不嫌晚。

49

只有同齡朋友的人
與朋友橫跨各年齡層的人

五十歲之後活躍的人有一項特徵是交友範圍廣泛，不分男女老少。另一方面，看不太出有何成長的人往往習慣與過去的同學或同梯的同事等年齡相近的人見面。

和年齡層相同的人交往，「以前發生過這種事」、「最近老花越來越嚴重」等引起共鳴的話題多，聊起天來很輕鬆。然而輕鬆代表收穫有限。

反而言之，五十多歲的人嘗試與二十多歲的人聊天時，因為缺乏共通話題，是從了解對方的興趣與現況等開始。如此一來，從對方身上吸收到現在年輕人之間的流行，以及收集資訊的方式等等，或是聆聽對方的煩惱，提供意見。雙方形成互補關係，彼此擷取對方的知識與經驗。

年長的朋友也是非常珍貴的人際關係。每次和充滿活力的七、八十歲朋友聊天，便覺得吸收到滿滿元氣，自己也得多加油才行。對方與我分享生活小常識，以及如何照顧高齡的雙親，同時也會關心彼此。有年長的朋友會在沒事時打電話來關心自己，實在是件很幸福的事。

認識不同世代朋友的秘訣在於改變行動範圍，去平常不會去的地方、參加新的團體等。現在透過社群媒體認識新朋友的人也越來越多，在社群媒體發表自己熱中的活動等主題，自然會有其他興趣相同的人來留言。

半年前去聽音樂會時，隔壁一位七十多歲的優雅女性向我搭話：「我們之前是不是在哪裡見過？」後來越聊越起勁，兩天之後去對方家拜訪，現在則是交情好到可以去她家住。不放過任何機會也是結交朋友的秘訣。

◯與年齡相距甚遠的朋友往來，彼此都能因而成長。

50

假日把時間耗在看電視、打電動的人與珍惜時間的人

即便是平常努力工作的人——不對，正因為平常努力工作——週末生活經常淪為「假日一口氣看上好幾齣連續劇是我唯一的消遣」。另一方面，現在也越來越多中老年人有空就打電動或是上網打發時間。

我不是說休閒時間不能看電視或打電動，問題在於毫不節制或是玩到沒有時間做真正重要的事，實在很可惜。

手機、電腦、電視與電動等使用視覺的娛樂比我們想像得更耗腦力，無止無盡地持續下去只會更加疲倦。

對看電視或打電動上癮的人原本就容易沉迷，在現實生活中得不到滿足，感覺自己融不進群體。因為不明白自己究竟想把時間花在哪裡，更容易淪為浪費時間在無謂的事物上。

建議這些人不妨改以散步、煮飯或是打掃等活動身體的方式來打發時間，取代看電視或打電動。從事這些單純活動時，會不知不覺開始面對自己，把看電視與打電動這些習慣趕出大腦，思考必須積極做些什麼。

五、六十歲還充滿活力的人往往會在下班時間或是假日積極享樂。所謂的享樂不僅是和家人一同度過悠閒時光或是獨自放鬆，也包括運動、沉浸於興趣、著迷於學習、與朋友打打鬧鬧……

因為這些人明白「如何利用時間才能讓自己感到滿足」。

我建議「有大把時間卻不知道該如何運用」的人，制定一份屬於自己的「課表」。課表不需要填得滿滿的，而是面對自己真正的心情，安排悠閒的行程，例如「星期六是做○○的日子」、「上午做○○，下午是懶散放鬆的時間」等等。

○思考如何制定「課表」來成為自己喜歡的樣子。

51

一遇上挫折就放棄的人
與遇上挫折尋求其他方法的人

動手做之前便放棄是個大問題，一遇上挫折便馬上放棄，怎麼樣也無法實現想做的事。

靠自己的雙手開拓人生的人，會認為遇上挫折是理所當然，為了實現夢想會積極尋求其他辦法。

但是有些人想把工作換成喜歡的事卻遇上挫折時，馬上認定是因為年紀大了而放棄。

不會放棄的人則是轉換想法：「可能是時機不對，改天再挑戰好了」、「既然找正職很難，先從打工開始好了」、「或許可以試著自己創業」等等。同樣是嘗試新的興趣，有些人一撞牆便放棄，有些人則是嘗試不同方法讓自己繼續下去，例如「尋找同好一起努力」、「訂定目標好提升幹勁」。

但是，不擅長、不想做、無法改變的事情，則是早點放手比較好，把時間和精力都集中於「一定要實現的事情」上吧！

我有位女性友人短期之內完成了「改造空屋來住」、「想蓋貨櫃屋」這兩件困難的工程。她在過程中當然吃了很多苦頭，也做不來體力勞動。但是她找到價格實惠的外包廠商與建材，以自己的方式實現了夢想。這也是因為隨著年紀而累積的智慧所帶來的成果吧！

這個年紀放棄想做的事還嫌太早。無論是工作、幸福人生、學習、健康與外貌，尋找得以依靠自身達成目標的方法，便能逐漸實現夢想。

○把力量用於能真正投注熱情的事物，反覆嘗試。

52

沒耐心傾聽的人與喜歡傾聽的人

「不聽別人說話，只會滔滔不絕講個不停的人」儘管沒有惡意，卻會遭到周遭疏遠。無法專心傾聽他人發言代表「對他人沒有興趣」、「覺得自己比較懂」、「強烈渴望肯定」等等，不過最終結果都是認為「對方的話不值得一聽」吧！

有些人隨著年齡增長，認為自己「高人一等」，因此無法捺下性子傾聽或是強迫對方聆聽自己的發言。然而建立人際關係的關鍵在於「凡是人都喜歡懂自己的人」。

我曾經和一位七十多歲的知名作家用餐，在場還有好幾個人。每個人都想聆聽作家的高見，作家本人卻有心聆聽所有出席者的意見。實際上大家發言時，作家也是一副樂在其中的模樣。

不用說，大家當然都因此成為他的迷。「第一步是理解對方，如此一來對方也會更了解我」。五十歲之後需要具備能夠傾聽他人發言的寬大心胸。

要是自覺自己可能沒在認真聆聽對方說話，不妨表達完意見後問問對方：「你覺得呢？」

當對方發表意見時，請務必認真反應：「原來也有這種情況」、「真沒想到會這樣」，而且不能只是口頭表示，臉上也要有相對應的表情。

需要特別留意的是，傾聽時認真凝視對方的臉龐。不會傾聽的人貌似注視對方，其實沒有用心看。認真觀察對方便能感受到對方內心的聲音：「他想表達什麼呢？」、「他是不是覺得很無聊呢？」、「好像樂在其中」，如此一來，便能防止失言或是離題。

○具備傾聽能力的人能打破束縛，擴展世界。

53

每一毛錢都想省下來當晚年資金的人 和把錢花在促進自己成長的人

五十歲之後不再成長的人連花錢也綁手綁腳。因為他們擔心晚年，把錢都存下來，幾乎不為促進成長而花錢。

有時節儉的人更會亂花錢。例如買東西時只在意售價，反而添購不需要的物品；買了品質不良的便宜貨，所以經常得購買新品；因為不認真照顧身體，所以浪費錢在醫療與減肥上……

懂得用錢的人只會把錢花在真正需要的地方，而且不會苛扣真正必要的花費。

美國企業家吉姆．羅恩（Jim Rohn）在著作中提到「五人平均值理論（Average of Five）」，意指「你身邊的五個人平均起來就是你」。因為年薪、生活水準、智慧、身心狀態、經驗與目標相近的人會聚在一起，彼此影響。

相信大家應該多少感覺得到這種理論有道理。對方能夠引起你共鳴代表彼此個性相合，互相接受良性刺激。成長之後，交友圈自然也會隨之改變。

倘若希望五十歲之後的工作與生活更加充實，就必須把金錢與時間投注在自己身上，同時學習更多事物。但是投資自我不是為自己花錢就好，要是必須具備中心思想，想像自己的理想模樣，思考「自己該做什麼來貢獻社會」。

◯花錢購買新的價值觀。

54

因為年紀大而放棄外貌的人與年紀愈大愈重視儀表的人

「年紀大了就不用在意外表」、「人是看內在不是外表」——隨著年齡增長而放棄外表的人缺乏客觀審視自己的能力，沒有發現外表的重要性。

特別是離開組織，以「個人身分」開始工作時，無法再像過去一樣以公司賦予的頭銜來介紹自己，留下的第一印象自然是外貌。

無論內在多麼美好，外表粗俗，服裝不合宜，看起來老態龍鍾或是骯髒不潔，旁人實在難以湧起聊天的欲望。

年輕時就算身著廉價衣物，髮型奇異，都還是能顯得「有型」，但是過了五十歲就不一樣了，隨著年齡增長，是否在乎儀表所造成的差異開始有天壤之別。

年過五十，重要的不再是原本的美貌與高䠷身材，而是了解何種裝扮適合自己，享受打扮的樂趣。

我有個七十多歲的男性友人總是身穿牛仔褲，冬天搭配皮衣與絲巾，夏天搭配鮮豔的襯衫。另外一位六十多歲的女性朋友則說：「我希望自己能穿細跟高跟鞋到八十歲。」這些對於穿著的「堅持」同時傳遞「我是這樣的人，請大家多多指教」的訊息。

缺乏此類關於穿搭的「堅持」，不知道自己適合什麼的人，最好詢問他人的建議。理想狀態是請教時髦的親朋好友。身邊缺乏這些人時，也可以問問經常去購物的服飾店或是常去的美容院等熟識的店家人員。

○維持帥氣美麗的儀表，客觀保養自己。

55

不想吃虧的人與願意為他人付出的人

容易對晚年生活感到不安的人，往往因為不安而以「不想吃虧」與「在意得失」為行動準則。

所作所為想的都是「多說多做會害自己吃虧」、「只跟有好處的人往來」，其實旁人都看得出來這個人只為自己打算，自私自利。

有些人則是換工作時以金錢為考量，認為「不管工作內容如何，能給我越多薪水的公司越好」、「不想領便宜薪水做麻煩事」。

在商言商，合理考量得失再當然也不過。然而五十歲之後開花結果的人通常不太考量得失，而是大方為他人付出，因而獲得許多人「信賴」。

我所謂的「吃虧」不是要吃大虧或是忍氣吞聲，而是多花一點心力。例如稍微幫點忙，接下某些任務，教導別人點什麼，聆聽他人的煩惱或是分點土產給別人等等。因為做得來「這點小事」，處處都有人為此表達謝意，記得恩惠，甚至出現願意提供一臂之力的人。

換句話說，這種做法所建立起的人際關係不是基於得失。選擇「得」，一定會有所「失」；選擇「失」，則會在其他方面有所「得」。

年過五十之後，我建議不要太在乎得失。

自行選擇「失」的人，散發成熟的魅力與成年人的寬容。

既然尚未成熟的人生上半場受到許多人栽培，人生下半場就應該站在報恩的角度為社會，為下一個世代付出，而非計較個人得失。

◯ 五十歲之後的支柱是不在乎得失的人際關係。

56

經常感動的人和思考感動原因的人

五十歲之後開花結果的人容易受到萬物感動，從美麗的大自然、溫暖的人情味、悠久的歷史、豐富的文化、優秀的藝術到形形色色的想法。

尤其是看到別人工作成果傑出時，不僅受到感動，還會思考對方表現優異的理由。

例如面對廚師高超的手藝，會直接讚美對方「一定花了很久的時間才做出這麼入口即化的肉類料理吧！」、「我從沒想過原來這些食材可以這樣搭配！」，對方聽了也會非常高興：「你真懂！」。

有時我也會因為他人工作的細膩程度而感動。

每次拜託熟識的汽車業務保養車子，我總是十分感動對方竟然能把車子整理得煥然一新；木工精巧的技術與建築師異想天開的點子也會令我驚豔感嘆；隱含故事的商品與工作也會觸動我心弦。

我有個七十多歲的朋友花了二十年開墾山野，植樹成林，打造心目中的旅館。旅館提供的餐點使用的幾乎都是自己栽種的食材；房間建材與家具原料則取自山林中的樹木，手工打造。我在投宿期間屢屢受到感動，從無條件的感動、看到建設的人而感動、為了投注的時間而感動，到了解對方的熱情、信念與遭受的困難，更加感動，累積了許多「感動的庫存」。

工作的價值在於能否帶來感動。

培養出感動時思考理由的習慣，自然會想成為帶給別人感動的人，提供「感動的庫存」。

○「感動」不僅是改變自己的原動力，也能成為貢獻他人的能量。

57

從未思考十年後的人與思考十年後目標的人

或許有些人認為「無法想像十年後的理想生活」。

我基本上是以「一年為單位」安排生活，不會硬性決定未來的行程，順勢而為。儘管如此，心中依舊有個十年後的概略理想。畢竟有夢想與希望的人生還是比較快樂；工作時才會湧現具體的渴望，明白自己「想做什麼樣」與「想要學會什麼」。

腦中有個模糊的「十年後的理想生活」，會不知不覺對於相關資訊更為敏感，認識到相關人士，收集到相關資訊，得到機會。

反而言之，從未思考「十年後的理想生活」的人容易陷入不安迷惘，無法掌握內心真正的渴望。

十年後的理想生活不需要像是「存到二千萬」這麼具體的目標，而是從「人際關係、工作與住處」的三大方向想像理想的生活情況，用是否能為此感到興奮雀躍作為指標。

例如，「十年後想和志同道合的朋友建立社群，互助合作，共同生活」、「一星期工作三天，其他時間當志工」、「搬到綠意盎然的地方生活，工作切換成遠距辦公」等等。

想要享受人生，關鍵在於了解自己想要什麼樣的「遊戲」，想跟什麼人相處，以及住在哪裡覺得最舒服。

要是途中改變心意或是發生出乎意料的事，也可以隨時修正路線。

想像十年後的理想生活與其說是思考如何實現夢想，不如說是打造最為興高采烈又能全心投入的現在，持續累積這樣的時光。

○以一年為單位思考「做得到的事」，想像十年後的「理想生活」。

58

「因為未來渺茫而悲觀不安」的人與「因為未來渺茫而樂觀期待」的人

許多人五十歲之後會「因為未來渺茫而悲觀不安」，認為「之後的人生不可能比現在更好」「以後不可能賺得比現在更多」。

但是五十歲開花結果的人面對未來總是樂觀以對，覺得「正因為未來渺茫，所以更是期待」，認為「之後可能會發生意想不到的美好情況」「也許能找到有意思的工作」。

人生之路會為了正面思考的人而敞開。即便沒有具體計畫，想像未來是條康莊大道的人每天生活都充滿希望，遇上的每件事都令人歡欣鼓舞。

年過五十代表真正進入活出自己的階段。

不再仰賴年薪、頭銜與公司的知名度等外在因素，不受周遭眼光左右，開始以想做與否和是否有意義為標準挑選工作。從日常生活、人際關係到學習都能抱持遊戲人間的態度。

畢竟即便年過五十，還是具備一定的話語權與影響力，能從周遭或小事開始著手改變。就算過程中遇上些許挫折，也知道該怎麼熬過去或度過難關。

明白自己其實很幸運，知道人生所剩時間不多，自然沒有多餘的心力浪費在悲觀以對，湧起「來試試想做的事吧！」、「享受眼前的事物吧！」的欲望。

人生璀璨明亮還是黯淡無光，取決於個人的選擇。

五十歲開花結果的人，無論身處何種情況都樂觀以對，集中精神在眼前作得到的事。

◯ 樂觀看待未來，每天自然過得開心。

CHAPTER 5 　五十歲之後開花結果與五十歲之後停止成長的生活習慣

國家圖書館出版品預行編目(CIP)資料

五十花正開：五十八則不惑解方，下半場就來遊戲人間吧!/有川真由美作；陳令嫻譯. -- 初版. -- 臺北市：遠流出版事業股份有限公司, 2023.09
面；　公分
譯自：50歳から花開く人、50歳で止まる人
ISBN 978-626-361-221-1(平裝)

1.CST: 人生哲學 2.CST: 生活指導

191.9　　112013414

五十花正開

五十八則不惑解方，下半場就來遊戲人間吧！

50歳から花開く人、50歳で止まる人

作　　者——有川真由美
譯　　者——陳令嫻

主　　編——許玲瑋
封面設計——兒日設計
美術協力——日暖風和
中文校對——魏秋綢
排　　版——立全電腦印前排版有限公司
製　　版——中原造像股份有限公司
印　　刷——中康彩色印刷事業股份有限公司

發 行 人——王榮文
出版發行——遠流出版事業股份有限公司
地　　址——104005 台北市中山北路一段11號13樓
電　　話——（02）2571-0297　　傳　　真——（02）2571-0197
著作權顧問——蕭雄淋律師
遠流博識網 http://www.ylib.com

ISBN 978-626-361-221-1
2023年9月1日 初版一刷　　定價380元